本刊由天津师范大学国家治理研究院主办、北京大学国家治理研究院支持。

做有思想的学术

POLITICAL SCIENCE REVIEW

政治学评论

2022 年第一辑

主编　佟德志

中国社会科学出版社

图书在版编目（CIP）数据

政治学评论. 2022 年. 第 1 辑 / 佟德志主编. —北京：中国社会科学出版社，2022.6
ISBN 978 - 7 - 5227 - 1158 - 4

Ⅰ. ①政…　Ⅱ. ①佟…　Ⅲ. ①政治学—文集　Ⅳ. ①D0 - 53

中国版本图书馆 CIP 数据核字（2022）第 238316 号

出 版 人	赵剑英	
责任编辑	王　琪　乔镜蓳	
责任校对	赵雪姣	
责任印制	王　超	

出　　版	中国社会科学出版社	
社　　址	北京鼓楼西大街甲 158 号	
邮　　编	100720	
网　　址	http://www.csspw.cn	
发 行 部	010 - 84083685	
门 市 部	010 - 84029450	
经　　销	新华书店及其他书店	

印　　刷	北京君升印刷有限公司
装　　订	廊坊市广阳区广增装订厂
版　　次	2022 年 6 月第 1 版
印　　次	2022 年 6 月第 1 次印刷

开　　本	787×1092　1/16
印　　张	12.25
插　　页	2
字　　数	198 千字
定　　价	69.00 元

《政治学评论》编辑委员会

目 录

Contents

Contents

特　稿

中国共产党的百年奋斗与坚持党的领导

李慎明[*]

* 李慎明，第十届、第十一届、第十二届全国人大常委会委员，第十二届全国人大内务司法委员会副主任委员，中国社会科学院原副院长、党组副书记，中国社会科学院世界社会主义研究中心主任、研究员、博士生导师。中国共产党十六大、十七大代表，中央马克思主义理论研究和建设工程咨询委员会委员、首席专家，全国哲学社会科学评审委员会国际问题组组长，国务院学位委员会第六、第七届学科评议组政治组成员。兼任中国政治学会会长，全国党的建设研究会、中国国际战略学会、中国国际友好联络会、中国中医药管理局改革发展专家委员会顾问。任中央统战部专家咨询组成员，中国社会科学院大学研究生院教授，清华大学、郑州大学、中共中央党校（国家行政学院）、国家教育行政学院、俄罗斯科学院远东研究所等科研机构的兼职教授，俄罗斯科学院、莫斯科大学名誉教授。1997 年被授予少将军衔。他长期从事党史党建、民主政治、国际战略以及社会主义发展等方面的研究。近年来仍然笔耕不辍，撰写了大量的学术著作，已出版学术著作 20 多部。还先后在《人民日报》《光明日报》《求是》等中央重要报刊发表 300 多篇文章，多部著作获得国家级奖项。此外，李慎明还担任过多部电视教育片的总撰稿，为党的理论的大众化、传播、宣传、教育等工作作出了巨大贡献。

◎ 内 容 摘 要

摘要：中国共产党的百年奋斗取得了辉煌成就，其中最重要的经验就是坚持了中国共产党的领导。从历史方位的角度来看，在十月革命和马克思列宁主义的影响下，中国共产党应历史和人民的需要而产生；从现实方位的角度来看，党的领导体现为党要领导一切。中国必须始终坚持党的全面领导，这既是马克思主义的重要原则，也是我国历史发展中人民群众的必然选择，也是发展中国特色社会主义事业的必然要求，同时还是由党的性质、宗旨、纲领决定的。坚持党的领导就必须坚持党的"三大作风"，即理论与实践相结合、密切联系群众、批评与自我批评。现如今，中国共产党已经形成了坚强正确的领导核心，全党必须坚定地维护这个核心，这既是马克思主义的重大原则，也是国际共产主义运动的重大历史经验。"两个确立"为胜利召开党的二十大奠定了坚实的思想、理论、政治、组织以及舆论基础。面对世界百年未有之大变局，我们要毫不动摇地坚持"两个维护"，坚决维护习近平总书记党中央的核心、全党的核心地位，坚决维护党中央权威和集中统一领导。

关键词：中国共产党；重大成就；党的领导；三大作风；两个维护

◎ 结构摘要

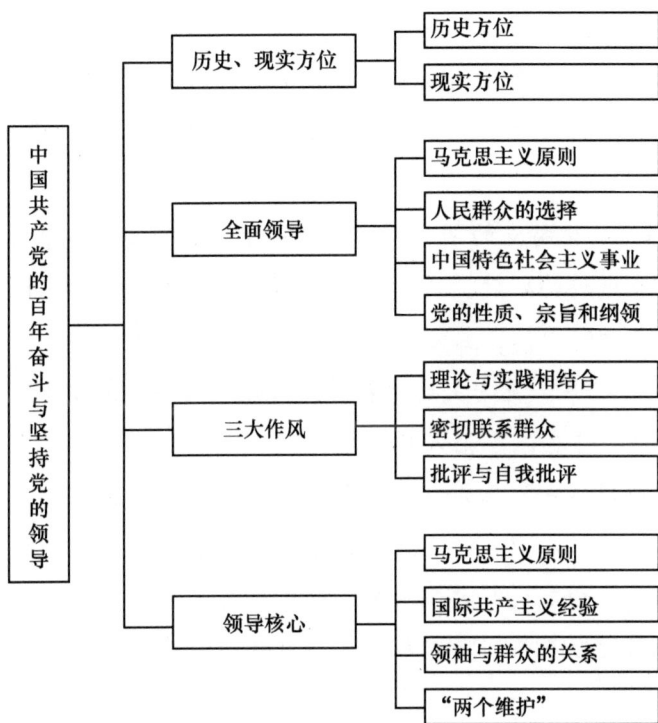

中国共产党的百年奋斗与坚持党的领导

- 历史、现实方位
  - 历史方位
  - 现实方位
- 全面领导
  - 马克思主义原则
  - 人民群众的选择
  - 中国特色社会主义事业
  - 党的性质、宗旨和纲领
- 三大作风
  - 理论与实践相结合
  - 密切联系群众
  - 批评与自我批评
- 领导核心
  - 马克思主义原则
  - 国际共产主义经验
  - 领袖与群众的关系
  - "两个维护"

◎ 观点摘要

1. 中国式现代化实际上就是中国共产党领导的社会主义现代化的缩写，千万不能把它理解成其他形式的现代化，甚至是资本主义的。中国式现代化的必要前提和重要特征就是党的领导，而党的领导又是实现中国式现代化的根本保证。

2. 我们之所以反复强调要坚持党的领导，除了党的性质、宗旨、指导思想和纲领是世界上政党中最先进的之外，还因为我们是工人阶级领导的、以工农联盟为基础的人民民主专政的社会主义国家。

3. 坚持共产党领导的重要性，更为突出地表现在只有中国共产党才能集中代表中国人民的整体利益和意志，才能从中国最广大人民的根本利益出发，正确处理社会利益矛盾，协调社会利益关系，正确全面地反映和维护广大人民群众的利益。中国共产党坚持真理、修正错误，除了人民的利益之外，绝没有任何自己的特殊利益。这也是我们党执政和长期执政的全部思想理论基础和全部合法性所在，是党最为深厚的阶级基础和群众根基的政治立场与价值准则。

4. 国际共产主义运动的历史已经证明，坚持党的领导不仅是无产阶级夺取和掌握国家政权的首要条件与普遍规律，同时也是社会主义建设和改革的首要条件与普遍规律。

5. 坚持党的领导，就要坚持全面从严治党，坚持自我革命，坚持和发扬党的三大作风。

6. 党的三大作风是达到党自我革命和永不变质的根本方法和根本路径，舍此没有他途。

7. 坚持和发展马克思主义，也是高度有机统一的。我们所说的坚持马克思主义就是坚持马克思主义基本原理，而不是经典作家在特定历史条件下作出的个别具体结论。发展马克思主义，主要是指把马克思主义基本原理与各国实际和时代特征相结合的过程中，不仅因地也因时因势不同而灵活运用。

要勇于得出新的结论，并且创造出新的理论以指导新的实践。坚持是发展的前提，发展是坚持的必然结果，我们不能厚此薄彼。

8. 党的百年历史昭示，在我们这样的大党、大国，必须有一个在实践中形成的坚强正确的领导集体，全党要坚决维护这个集体的权威。

中国共产党百年奋斗的重大成就可以从多个角度陈述。我们既可以根据党的第三个历史决议，从新民主主义革命、社会主义革命和建设、改革开放和社会主义现代化建设以及中国特色社会主义新时代四个不同的历史时期进行叙述[1]，也可以以建党百年纵向时间跨度为经度，以社会结构变迁的横断面为纬度，从经济、政治、文化和对外关系四个角度出发进行叙述。从经济的角度来看，党领导人民推翻了帝国主义、封建主义、官僚资本主义所有制，在1956年年底完成了"一化三改"，确立了生产资料公有制为主体的社会主义经济制度，并最终确立了现在的公有制为主体、多种所有制经济共同发展的所有制形式。从政治的角度来看，党领导人民推翻了帝国主义、封建主义和官僚资本主义的反动统治，建立起了工人阶级领导的、以工农联盟为基础的人民民主专政的社会主义国家的国体，以及人民代表大会制度的政体。从思想文化的角度来看，党领导人民推翻了半殖民地半封建文化在思想文化上对人民群众的严酷统治，不断推进马克思主义与中国实际相结合，并实现了马克思主义中国化的三次飞跃。从对外关系的角度来看，党领导人民实现独立自主并日益走向世界舞台中央。

中国共产党的百年奋斗为何取得如此重大成就？党的第三个历史决议总结了十条经验，其中第一条就是坚持党的领导。基于对党的领导的历史和现实方位的分析，本文认为，中国必须始终坚持党的全面领导，坚持党的领导就必须坚持党的三大作风，同时，党必须尽快形成坚强正确的领导核心，全党必须坚定地维护这个核心。

一 党的领导的历史和现实方位

政党是国家的产物。要弄清楚什么是政党，就要弄清楚什么是国家。马

---

[1] 《中共中央关于党的百年奋斗重大成就和历史经验的决议》，人民出版社2021年版。

克思主义认为,"国家是社会在一定发展阶段上的产物;国家是承认:这个社会陷入了不可解决的自我矛盾,分裂为不可调和的对立面,而又无力摆脱这些对立面。而为了使这些对立面,这些经济利益互相冲突的阶级,不致在无谓的斗争中把自己和社会消灭,就需要有一种表面上凌驾于社会上的力量,这种力量应当缓和冲突,把冲突保持在'秩序'的范围以内;这种从社会中产生但又自居于社会之上并日益同社会相异化的力量,就是国家"①。列宁同志也曾反复强调:"国家是阶级矛盾不可调和的产物"②,"国家正是这种从人类社会中分化出来的管理机构"③,"国家是一个阶级压迫另一个阶级的机器"④。同时,国家对社会发展也起着加速或延缓的作用,当进步的阶级建立了国家时,它就加速了社会发展。而政党本质上是国家的产物,是阶级斗争的工具,是特定的阶级利益的集中代表,是特定阶级政治力量中的领导力量,是由各阶级的政治中坚分子为了夺取或巩固国家政治权力而组成的政治组织。

中国共产党是在十月革命的影响和马克思列宁主义思想的指导下成立的。中国工人阶级的成长和觉悟是中国共产党诞生的基本条件。五四运动在思想上、干部上为中国共产党的成立做了准备。同时,中国共产党的成立也是国家政治经济现象的结果,是人民需要的产物。自从有了中国共产党,中国革命的面貌就焕然一新了。那么,什么是中国共产党?《中国共产党章程》开篇就指出:"中国共产党是中国工人阶级的先锋队,同时是中国人民和中华民族的先锋队,是中国特色社会主义事业的领导核心,代表中国先进生产力的发展要求,代表中国先进文化的前进方向,代表中国最广大人民的根本利益。党的最高理想和最终目标是实现共产主义。"⑤

那么,党与党的指导思想是什么关系?毛泽东同志指出:"领导我们事业的核心力量是中国共产党。指导我们思想的理论基础是马克思列宁主义。"⑥

---

① 《马克思恩格斯选集》第4卷,人民出版社2012年版,第186—187页。
② 《列宁选集》第3卷,人民出版社2012年版,第112页。
③ 《列宁选集》第4卷,人民出版社2012年版,第28页。
④ 《列宁选集》第4卷,人民出版社2012年版,第33页。
⑤ 《中国共产党章程》,人民出版社2017年版,第1页。
⑥ 《毛泽东文集》第6卷,人民出版社1999年版,第350页。

从排列顺序来看，党的领导是置于指导思想之前的，这是因为，政党与国家一样，都是政治的上层建筑，而指导思想则属于文化的上层建筑。中国共产党是变革和推进人类文明不断前进的现实的物质力量，是看得见、感受得到的集人类精神文明力量之大成的物质与精神相统一的特殊载体。而指导思想则是必须依附于特殊物质载体的看不见、感受得到的观念形态。如果没有党作为载体，指导思想再先进也没有依附。从这个意义上讲，没有中国共产党这种特殊的物质与组织形式，指导思想这一灵魂就无体可依。所以，毛泽东同志把"领导我们事业的核心力量是中国共产党"放到了"指导我们思想的理论基础是马克思列宁主义"的前面。

以上就是党的领导的历史方位。从现实方位的角度来看，党的领导体现为党要领导一切。2021年10月，习近平总书记在纪念辛亥革命110周年大会上明确指出："新的征程上，我们必须坚持和加强党的全面领导，充分发挥党总揽全局、协调各方的领导核心作用，提高党科学执政、民主执政、依法执政水平。要弘扬伟大建党精神，推进党的建设新的伟大工程，增强自我净化、自我完善、自我革新、自我提高能力，确保中国共产党始终成为中国人民和中华民族最可靠的主心骨。"①

2022年7月，习近平总书记在省部级主要领导干部"学习习近平总书记重要讲话精神，迎接党的二十大"专题研讨班上的重要讲话（以下简称"'7·26'重要讲话"）充分肯定了二十大的重要性："即将召开的党的二十大，是在进入全面建设社会主义现代化国家新征程的关键时刻召开的一次十分重要的大会"，并强调了我国成功推进并拓展了中国式现代化："在新中国成立特别是改革开放以来的长期探索和实践基础上，经过党的十八大以来在理论和实践上的创新突破，我们成功推进和拓展了中国式现代化。"在这里，所谓中国式现代化，就是"中国共产党领导的社会主义现代化"。此外，总书记还指出："全面建设社会主义现代化国家，实现新时代新征程各项目标任务，关键在党。"因此，"必须持之以恒推进全面从严治党，深入推进新时代党的建设新的伟大工程，以党的自我革命引

① 习近平：《在纪念辛亥革命110周年大会上的讲话》，人民出版社2021年版，第7页。

领社会革命"①。其中，中国式现代化实际上就是中国共产党领导的社会主义现代化的缩写，千万不能把它理解成其他形式的现代化，甚至是资本主义的。中国式现代化的必要前提和重要特征就是党的领导，而党的领导又是实现中国式现代化的根本保证。

二 必须始终坚持党的全面领导

中国的历届领导人都特别强调党的全面领导。毛泽东同志就曾明确指出："工、农、商、学、兵、政、党这七个方面，党是领导一切的。党要领导工业、农业、商业、文化教育、军队和政府。"② 改革开放以来，邓小平同志也强调："只有共产党的领导，才能有一个稳定的社会主义中国。"③ 中国特色社会主义建设步入新时代，习近平同志也反复强调："党政军民学、东西南北中，党是领导一切的。"④ 在建设中国特色社会主义宏伟事业中，我们为什么要反复强调坚持党的领导，并且是全面领导？主要原因包括四个层面。

第一，坚持党的领导是马克思主义的重要原则。早在 1850 年，马克思、恩格斯就明确指出：党"应该使自己的每一个支部都成为工人协会的中心和核心"。⑤ 1921 年，列宁指出："国家政权的一切政治经济工作都由工人阶级觉悟的先锋队共产党领导。"⑥ 1957 年，毛泽东同志指出："中国共产党是全中国人民的领导核心。没有这样一个核心，社会主义事业就不能胜利。"⑦ 1979 年，邓小平同志在谈到坚持四项基本原则时强调："我们必须坚持共产党的领导"，倘若削弱甚至取消党的领导，"这事实上只能导致无政府主义，

---

① 《习近平在省部级主要领导干部"学习习近平总书记重要讲话精神，迎接党的二十大"专题研讨班上发表重要讲话强调 高举中国特色社会主义伟大旗帜 奋力谱写全面建设社会主义现代化国家崭新篇章》，《人民日报》2022 年 7 月 28 日。
② 《毛泽东文集》第 8 卷，人民出版社 1999 年版，第 305 页。
③ 《邓小平文选》第 3 卷，人民出版社 1993 年版，第 357 页。
④ 《十九大以来重要文献选编》（上），中央文献出版社 2019 年版，第 74 页。
⑤ 《马克思恩格斯选集》第 1 卷，人民出版社 2012 年版，第 558 页。
⑥ 《列宁选集》第 4 卷，人民出版社 2012 年版，第 624 页。
⑦ 《毛泽东文集》第 7 卷，人民出版社 1999 年版，第 303 页。

导致社会主义事业的瓦解和覆灭"①。

第二，坚持党的领导是中国历史发展中人民群众的必然选择。自 1840 年鸦片战争起，一直到 1949 年建立了人民当家作主的新型国家，中国革命的实践揭示了这样一个伟大的真理：要真正实现人民当家作主，无论是靠人民群众的自发斗争，还是靠资产阶级、小资产阶级政党都不行；有了中国共产党的领导，才有了新中国和中国人民的翻身解放；中国共产党在新中国执政的"合法性"即政治基础是与生俱来的。

第三，中国共产党是中国特色社会主义事业的坚强领导核心，处在总揽全局、协调各方的地位。我们之所以反复强调要坚持党的领导，除了党的性质、宗旨、指导思想和纲领是世界上政党中最先进的之外，还因为我们是工人阶级领导的、工农联盟为基础的人民民主专政的社会主义国家。这一制度性质决定在当今中国实行的必须是生产资料公有制占主体和对人民的民主与对敌对势力的专政。

因此，在工人阶级和广大人民群众内部，不存在根本的利益冲突。工人阶级通过共产党这一先锋队的领导，通过党内和国家的民主集中制这一组织原则，通过人民代表大会、共产党领导的多党合作、民族区域自治这些组织形式，把工人阶级和整个国家民族高度团结统一起来，从而更好地代表和体现着最广大人民群众的根本利益与要求。

第四，坚持党的领导的更根本原因还在于党的性质是工人阶级的先锋队，同时又是中国人民和中华民族的先锋队；党的宗旨是全心全意为人民服务；党的指导思想是马克思主义；最高纲领是实现共产主义即最终目的是解放全人类，最终实现每一个人自由而全面的发展。这是迄今为止人类历史上已经开始的但远未完成的最深刻彻底、最系统完整、最伟大壮丽的一次变革。仅从建设中国特色社会主义来说，这就是一项十分宏伟艰巨的事业；这项事业的核心内容，就是保证人民当家作主，逐步实现共同富裕。而要完成这一宏伟事业，就必须继续在最无狭隘性和自私自利性、最有远大政治眼光和组织性的、世界上最先进的无产阶级及其政党即共产党的领导下，按照社会主义

---

① 《邓小平文选》第 2 卷，人民出版社 1994 年版，第 169—171 页。

发展的客观规律，有计划、有步骤地进行。中国正处于并将长期处于社会主义初级阶段，由这一历史阶段的国际环境和中国经济与社会结构的特征所决定，中国社会还存在着阶级和阶级差别，各主要阶级阶层在根本利益一致的基础上，也存在着一些不同的利益和利益发展要求之间的矛盾。

在这种历史条件下，坚持共产党领导的重要性，更为突出地表现在只有中国共产党才能集中代表中国人民的整体利益和意志，才能从中国最广大人民的根本利益出发，正确处理社会利益矛盾，协调社会利益关系，正确全面地反映和维护广大人民群众的利益。中国共产党坚持真理、修正错误，除了人民的利益之外，绝没有任何自己的特殊利益。这也是我们党执政和长期执政的全部思想理论基础和全部合法性所在，是党最为深厚的阶级基础和群众根基的政治立场与价值准则。习近平总书记明确指出："中国共产党是领导和团结全国各族人民建设中国特色社会主义伟大事业的核心力量，肩负着历史重任，经受着时代考验，必须坚持立党为公、执政为民，坚持党要管党、从严治党，全面加强党的建设。"① 这也就是说，我们特别强调党的领导的根本原因不仅在于这是历史和人民的选择，而且主要在于我们党始终坚持全心全意为人民服务的宗旨。正如马克思、恩格斯在《共产党宣言》中所说："过去的一切运动都是少数人的，或者为少数人谋利益的运动。无产阶级的运动是绝大多数人的，为绝大多数人谋利益的独立的运动。"② 我们之所以强调党的领导是中国特色社会主义最本质的特征，其根本原因也是因为全心全意为人民服务是中国共产党的最本质特征。因此，我们党在表述坚持党的领导、人民当家作主和依法治国的有机统一这一社会主义民主政治的根本原则时，把坚持党的领导放在了首位。从一定意义上讲，这是我们特别强调坚持共产党领导和执政的最根本、最重要和全部的合法性所在。

习近平总书记在党的十九大报告中明确指出："中国特色社会主义最本质的特征是中国共产党领导，中国特色社会主义制度的最大优势是中国共产党领导，党是最高政治领导力量。"③ 然而，现在有一种观点认为，革命时期要

---

① 习近平：《在第十二届全国人民代表大会第一次会议上的讲话》，人民出版社 2013 年版，第 8 页。
② 《马克思恩格斯选集》第 1 卷，人民出版社 2012 年版，第 411 页。
③ 《十九大以来重要文献选编》（上），中央文献出版社 2019 年版，第 14 页。

取得革命的成功需要党的领导，在建设特别是改革时期，只要有一套健全的政治体制并依靠依法治国这一方略，人民就可以当家作主了，这是一种极大的误解。国际共产主义运动的历史已经证明，坚持党的领导不仅是无产阶级夺取和掌握国家政权的首要条件与普遍规律，同时也是社会主义建设和改革的首要条件与普遍规律。

那么，在党与法之间究竟是党大还是法大？这实际上要具体分析，不能一言以蔽之。党和法、党的领导和依法治国是高度有机统一的。习近平总书记指出："中国共产党是中国特色社会主义事业的领导核心，处在总揽全局、协调各方的地位……党领导人民制定宪法法律，党领导人民实施宪法法律。"① 从党领导人民制定并修订宪法法律的意义上讲，可以说党比法大。这里所指的党，是党中央，并不是指地方党委。同时，习近平总书记还强调："党自身必须在宪法法律范围内活动。"② 从任何政党都必须在宪法和法律范围内活动的角度来讲，法又比党大。这也就是说，在立法过程中，法为党领导人民所制定，因此法不是高于一切的，而是党和人民大于法律。法律制定出来以后，在法律适用过程中，任何政党和人民中的任何分子，又必须遵守法律，在法律范围内活动，因此法律又大于任何政党和个人。实际上，党领导人民制定和实施宪法法律同党坚持在宪法法律范围内活动，本质上都是为了实现人民当家作主这一根本目的，从这个角度来看，党和法不存在谁大谁小的问题，而是应该高度统一，党与法一样大。

三　坚持党的领导就必须坚持党的三大作风

坚持党的领导，就要坚持全面从严治党，坚持自我革命，坚持和发扬党的三大作风。早在抗日战争时期，毛泽东同志就曾提出："以马克思列宁主义的理论思想武装起来的中国共产党，在中国人民中产生了新的工作作风，这主要的就是理论和实践相结合的作风，和人民群众紧密地联系在一起的作风

---

① 《习近平谈治国理政》第 2 卷，外文出版社 2017 年版，第 128 页。
② 《习近平谈治国理政》第 2 卷，外文出版社 2017 年版，第 128 页。

以及自我批评的作风。"① 中国特色社会主义建设步入新时代以来，习近平总书记也反复强调要坚持党的三大作风，在"7·26"重要讲话中强调："全面从严治党永远在路上，党的自我革命永远在路上。实践一再告诫我们，管党治党一刻也不能放松，必须常抓不懈、紧抓不放，决不能有松劲歇脚、疲劳厌战的情绪，必须持之以恒推进全面从严治党，深入推进新时代党的建设新的伟大工程，以党的自我革命引领社会革命。"② 党的三大作风是达到党自我革命和永不变质的根本方法和根本路径，舍此没有他途。

具体来看，第一个作风是理论与实践相结合。习近平总书记在"7·26"重要讲话中指出："我们坚持把马克思主义基本原理同中国具体实际相结合、同中华优秀传统文化相结合，形成了新时代中国特色社会主义思想，实现了马克思主义中国化新的飞跃。"③ 这里讲的就是理论和实践相结合的作风。

为实现理论和实践相结合，首先要毫不动摇地坚持马克思主义的基本原理。毛泽东在阅读苏联《政治经济学教科书》时说："马克思这些老祖宗的书，必须读，他们的基本原理必须遵守。"④ 中国后来的历届领导人也多次谈到老祖宗不能忘，他们所谈的老祖宗是指我们党思想、理论、政治上的老祖宗，即马克思、恩格斯和列宁等，而绝不是指血缘、血脉上各宗各系的老祖宗，也不是中国传统文化中的孔子、老庄、佛学等，更不是西方的文化和文明。⑤ 1966 年 11 月，毛泽东同志在会见越南劳动党中央代表团时说："要学习马克思列宁主义，全世界真正革命的共产党的共同基础是马克思列宁主义。"⑥ 2015 年 12 月，习近平总书记在全国党校工作会议上明确指出："中国特色社会主义理论体系归根到底是以马克思主义基本理论为指导的，是把这些基本

① 《毛泽东选集》第 3 卷，人民出版社 1991 年版，第 1093—1094 页。
② 《习近平在省部级主要领导干部"学习习近平总书记重要讲话精神，迎接党的二十大"专题研讨班上发表重要讲话强调 高举中国特色社会主义伟大旗帜 奋力谱写全面建设社会主义现代化国家崭新篇章》，《人民日报》2022 年 7 月 28 日。
③ 《习近平在省部级主要领导干部"学习习近平总书记重要讲话精神，迎接党的二十大"专题研讨班上发表重要讲话强调 高举中国特色社会主义伟大旗帜 奋力谱写全面建设社会主义现代化国家崭新篇章》，《人民日报》2022 年 7 月 28 日。
④ 《毛泽东文集》第 8 卷，人民出版社 1999 年版，第 109 页。
⑤ 李慎明：《重点做好国内改革、发展和稳定工作——我国未来发展重要战略机遇期的相关问题》，《毛泽东邓小平理论研究》2019 年第 8 期。
⑥ 《毛泽东年谱（1949—1976）》第 6 卷，中央文献出版社 2013 年版，第 15 页。

理论同中国具体实际相结合的结果。马克思主义就是我们共产党人的'真经'，'真经'没念好，总想着'西天取经'，就要贻误大事！不了解、不熟悉马克思主义基本原理，就不可能真正了解和掌握中国特色社会主义理论体系。"①

在毫不动摇地坚持马克思主义的同时，毛泽东同志与习近平总书记又多次强调，对马克思主义要勇于发展、勇于创新。早在1945年，毛泽东同志就说过："教条主义是哪里来的？是不是从马、恩、列、斯那里来的？不是的。他们经常在著作里提醒我们，说他们的学说是行动的指南，是武器，不是教条。人家讲的不是教条，我们读后变成了教条，这是因为我们没有读通，不会读，我们能责备他们吗？"②1958年7月，毛泽东同志指出："马列主义基本原理是一致的，但是各国具体情况不同，马列主义者要善于独立思考来运用马列主义。"③由此可见，坚持马克思主义不是坚持教条主义，而是要将马克思主义同中国具体实际相结合。

2016年5月，习近平总书记强调："马克思主义具有与时俱进的理论品质……马克思主义是随着时代、实践、科学发展而不断发展的开放的理论体系，它并没有结束真理，而是开辟了通向真理的道路……对待马克思主义，不能采取教条主义的态度，也不能采取实用主义的态度"，"把坚持马克思主义和发展马克思主义统一起来，结合新的实践不断作出新的理论创造，这是马克思主义永葆生机活力的奥妙所在"④。其中，习近平总书记提到，对待马克思主义要反对教条，也不能采取实用主义态度，什么是教条主义和实用主义？在当前都有哪些表现？这些问题都需要我们深入思考。所以，我们要把"7·26"重要讲话与习近平总书记的一系列论述结合起来，这样才能真正学懂弄通。

总而言之，马克思主义基本原理与各国实际相结合，这是马克思主义的一个基本原则。坚持和发展马克思主义，也是高度有机统一的。⑤我们所说

① 习近平：《在全国党校工作会议上的讲话》，人民出版社2016年版，第15页。
② 《毛泽东文集》第3卷，人民出版社1996年版，第418页。
③ 《毛泽东年谱（1949—1976）》第3卷，中央文献出版社2013年版，第384页。
④ 习近平：《在哲学社会科学工作座谈会上的讲话》，人民出版社2016年版，第13页。
⑤ 李慎明：《坚持马克思主义和发展马克思主义的高度有机统一》，《世界社会主义研究》2022年第2期。

的坚持马克思主义就是坚持马克思主义基本原理，而不是经典作家在特定历史条件下作出的个别具体结论。发展马克思主义，主要是指把马克思主义基本原理与各国实际和时代特征相结合的过程中，不仅因地也因时因势不同而灵活运用。要勇于得出新的结论，并且创造出新的理论以指导新的实践。坚持是发展的前提，发展是坚持的必然结果，我们不能厚此薄彼。

第二个作风是密切联系群众。1945 年，毛泽东同志指出："应该使每一个同志懂得，只要我们依靠人民，坚决地相信人民群众的创造力是无穷无尽的，因而信任人民，和人民打成一片，那就任何困难也能克服，任何敌人也不能压倒我们，而只会被我们所压倒。"① 1957 年毛泽东同志又指出："必须坚定地信任群众的多数，首先是工农基本群众的多数，这是我们的基本出发点。"② 在"7·26"重要讲话中，习近平总书记也强调："前进道路上，全党要坚持全心全意为人民服务的根本宗旨，树牢群众观点，贯彻群众路线，尊重人民首创精神，坚持一切为了人民、一切依靠人民，从群众中来、到群众中去，始终保持同人民群众的血肉联系，始终接受人民批评和监督，始终同人民同呼吸、共命运、心连心。"③ 所以说，密切联系群众，既是唯物史观又是马克思主义的方法论和党的性质与宗旨决定的。它是外在和内在相统一的，是以共产党人为血肉、为载体的表现。

要坚持全心全意为人民服务的宗旨和以人民为中心的思想，就必须始终牢记毛泽东同志关于"务必使同志们继续地保持谦虚、谨慎、不骄、不躁的作风，务必使同志们继续地保持艰苦奋斗的作风"④ 的殷殷教导。要保持党与人民群众的血肉联系，同样也要保持"两个务必"。"两个务必"是真正的共产党和共产党人内在与外在有机统一的鲜明标志。从一定意义上讲，普通群众看你是不是真正的共产党和共产党人，就是看你能否在任何时候、任何情况下始终保持"两个务必"的作风。

① 《毛泽东选集》第 3 卷，人民出版社 1991 年版，第 1096 页。
② 《建国以来重要文献选编》第 10 册，中央文献出版社 1994 年版，第 486 页。
③ 《习近平在省部级主要领导干部"学习习近平总书记重要讲话精神，迎接党的二十大"专题研讨班上发表重要讲话强调 高举中国特色社会主义伟大旗帜 奋力谱写全面建设社会主义现代化国家崭新篇章》，《人民日报》2022 年 7 月 28 日。
④ 《毛泽东选集》第 4 卷，人民出版社 1991 年版，第 1438—1439 页。

如果你能坚定不移、坚持不懈地始终保持"两个务必"作风，老百姓就会最终认定你是真共产党和真共产党人，就会赴汤蹈火跟你走，披荆斩棘共奋斗。否则，老百姓就可能三心二意给你干，甚至消极怠工不出力。从长远和根本上说，人民群众最终还会毫不留情地抛弃这样的党。苏联这个有着93年历史、执政74年的大党最终消亡的历史，讲的就是这个道理。正因如此，党的十八大之后，我们党所进行的、前所未有的反腐败行动具有十分重大和特殊的意义，并且得到了全党和最广大人民群众的坚定拥护和热烈支持。

第三个作风是批评与自我批评。早在1937年，毛泽东同志就在《矛盾论》中提出："共产党内的矛盾，用批评和自我批评的方法去解决。"① 1942年，毛泽东同志提出："批评是批评别人，自我批评是批评自己。批评和自我批评是一个整体，缺一不可。"② 1945年，毛泽东同志又指出："提倡大家讲话，无论是什么时候，你们凡是看到工作中间有缺点，有毛病，你们就讲。我们工作中间一定会有些毛病，要加以分析，做得正确的就要承认它正确，做得不正确的就要修正，也就是我上次在这里讲过的两条：坚持真理，修正错误。正确的东西就是真理。"③ 1955年，毛泽东同志再次强调："对我们工作中的缺点和错误，还是要作公开的批评和自我批评。不实行马克思主义的这一条是不行的。"④ 邓小平同志也曾强调："我们党的各级领导同志，特别是主要领导人，威信建立在什么地方呢？建立在思想、工作、言论的正确上，建立在民主作风上，建立在批评和自我批评的作风上。"⑤

习近平总书记也十分强调批评和自我批评的重要性。习近平总书记所强调的"坚持真理，修正错误"和"自我革命"就是批评与自我批评。在党的第三个历史决议中，我们党就对自身存在的问题进行了深刻的剖析和反思。《决议》指出，在全面从严治党方面，"改革开放以后，党坚持党要管党、从严治党，推进党的建设取得明显成效。同时，由于一度出现管党不力、治党

---

① 《毛泽东选集》第1卷，人民出版社1991年版，第311页。
② 《毛泽东文集》第2卷，人民出版社1993年版，第418页。
③ 《毛泽东文集》第3卷，人民出版社1996年版，第254页。
④ 《毛泽东文集》第6卷，人民出版社1999年版，第406页。
⑤ 《邓小平文选》第1卷，人民出版社1994年版，第309页。

不严问题，有些党员、干部政治信仰出现严重危机，一些地方和部门选人用人风气不正，形式主义、官僚主义、享乐主义和奢靡之风盛行，特权思想和特权现象较为普遍存在。特别是搞任人唯亲、排斥异己的有之，搞团团伙伙、拉帮结派的有之，搞匿名诬告、制造谣言的有之，搞收买人心、拉动选票的有之，搞封官许愿、弹冠相庆的有之，搞自行其是、阳奉阴违的有之，搞尾大不掉、妄议中央的也有之，政治问题和经济问题相互交织，贪腐程度触目惊心。这'七个有之'问题严重影响党的形象和威信，严重损害党群干群关系，引起广大党员、干部、群众强烈不满和义愤"①。这就是我们党对自身作出的严肃的自我批评。

四　党必须尽快形成坚强正确的领导核心，全党又必须坚定地维护这个核心

确保党和政权永不变质的必备甚至先决条件之一就是必须要有自己的杰出领袖。党的十九届六中全会《决议》明确指出："党确立习近平同志党中央的核心、全党的核心地位，确立习近平新时代中国特色社会主义思想的指导地位，反映了全党全军全国各族人民共同心愿，对新时代党和国家事业发展、对推进中华民族伟大复兴历史进程具有决定性意义。"② 这为今年胜利召开党的二十大奠定了坚实的思想、理论、政治、组织以及舆论基础，而且对于坚持与发展中国特色社会主义具有决定性的战略意义。为什么说领袖重要呢？

第一，维护党的领袖的核心地位是马克思主义的一个重大原则。马克思、恩格斯在1847年起草的《共产主义者同盟章程》中，就非常重视代表大会和党章的权威，在其章程中明确规定"同盟的最高领导机关是作为权力执行机关的中央委员会"，"代表大会是同盟的立法机关"。③ 列宁继承并发展了马克思、恩格斯的思想。列宁提出："在历史上，任何一个阶级，如果不推举出自

---

① 《中共中央关于党的百年奋斗重大成就和历史经验的决议》，人民出版社2021年版，第29页。
② 《中共中央关于党的百年奋斗重大成就和历史经验的决议》，人民出版社2021年版，第26页。
③ 《马克思恩格斯全集》第42卷，人民出版社1979年版，第419—421页。

己的善于组织运动和领导运动的政治领袖和先进代表，就不可能取得统治地位。"① "造就一批有经验、有极高威望的党的领袖是一件长期的艰难的事情。但是做不到这一点，无产阶级专政，无产阶级的'意志统一'就只能是一句空话。"② 毛泽东同志也曾指出："要建立领导核心，反对'一国三公'。"③ 邓小平同志也强调："任何一个领导集体都要有一个核心，没有核心的领导是靠不住的。"④ 2016 年党的《关于新形势下党内政治生活的若干准则》也明确提出坚决维护党中央权威这一政治要求。⑤

第二，必须坚定维护党的领袖的核心地位是国际共产主义运动的重大历史经验。无产阶级革命和建设事业，是人类历史上前所未有的、伟大壮丽而又无比艰难的事业。这就要求我们必须要有一个成熟的马克思主义政党，必须要有一个坚强、有力的领导集体和领导核心。维护无产阶级领袖的权威，是以工人阶级在反对资产阶级联合权力的斗争中，阶级统一行动并最终消灭资产阶级的必备条件。马克思、恩格斯在领导欧洲工人运动和创立科学社会主义理论、建立无产阶级政党的实践中，始终强调维护党的领导核心和党的指导思想的指导地位的必要性和重要性，并为实现各国工人阶级的联合创建了无产阶级政党第一国际，使得国际共产主义运动不断向前推进。1872 年，恩格斯针对巴黎公社失败的教训指出："巴黎公社遭到灭亡，就是由于缺乏集中和权威。"⑥

十月革命之所以能够取得胜利，最主要的原因是布尔什维克党的领导，并且形成了布尔什维克党这样的领导集体和列宁这样的领导核心。⑦ 俄国布尔什维克党正是坚持列宁为政治领袖，为布尔什维克党提供坚强领导和科学理论指导，才取得俄国十月革命的成功，建立了世界上第一个社会主义国家。斯大林逝世之后，"从赫鲁晓夫集团到戈尔巴乔夫集团逐渐脱离、背离乃至最

---

① 《列宁选集》第 1 卷，人民出版社 2012 年版，第 286 页。
② 《列宁全集》第 42 卷，人民出版社 2017 年版，第 108 页。
③ 《毛泽东文集》第 3 卷，人民出版社 1996 年版，第 69 页。
④ 《邓小平文选》第 3 卷，人民出版社 1993 年版，第 310 页。
⑤ 《关于新形势下党内政治生活的若干准则》，人民出版社 2016 年版，第 12 页。
⑥ 《马克思恩格斯选集》第 4 卷，人民出版社 2012 年版，第 500 页。
⑦ 李慎明：《坚决做到"两个维护"，坚定走中国特色社会主义道路——学习党的十九届六中全会精神的思考》，《政治学研究》2022 年第 2 期。

终背叛马克思主义、社会主义和最广大人民群众根本利益"①，党的民主集中制被抛弃了，政治纪律被动摇了，党中央权威没有了。习近平总书记明确指出："人们曾经提出一个问题，苏共早年在有二十万党员时能够夺取政权，在有二百万党员时能够打败法西斯侵略者，而在有近二千万党员时却丢失了政权、丢失了自己，这是为什么？我看，很重要的一个原因是政治纪律被动摇了，谁都可以言所欲言、为所欲为，那还叫什么政党呢？那是乌合之众了。"② 党内思想混乱、纪律松弛，在这种情况下，"哗啦啦轰然倒塌"也就是难以逃脱的命运了。当今正在发生的俄乌冲突，正是 1991 年苏联亡党亡国悲剧的深入发展，在这个意义上必然发生。

党的百年历史昭示，在我们这样的大党、大国，必须有一个在实践中形成的坚强正确的领导集体，全党要坚决维护这个集体的权威。"党中央有权威，才能把全党 9000 多万名党员和 460 多万个基层党组织牢固凝聚起来，进而把全国各族人民紧密团结起来，形成万众一心、无坚不摧的磅礴力量，去赢得具有许多新的历史特点的伟大斗争的胜利。"③ 同时，在这个领导集体中必须有一个坚强正确的核心。时势造英雄，习近平总书记正是在当代国内外前所未有和世所罕见的机遇与挑战下，被全党和全国人民拥戴、确立的党、国家和人民的杰出领袖。

第三，要从思想理论上认清马克思主义领袖、政党、阶级、群众，特别是领袖与群众的关系。历史已经反复证明，伟大的革命斗争必然造就伟大的人物，千百万人民群众的伟大实践，必然出真知，出领袖。毛泽东同志的《实践论》讲的就是这个道理。坚强正确的领导核心是关乎党和国家前途命运、党和人民事业成败的根本性问题。

群众或人民群众是一个具有丰富内涵的政治概念。一般而言，是指一切能够促进革命发展和社会进步的阶级、阶层和社会团体。根据时代背景和革命形势的变化，人民概念的内涵会发生相应变化。在抗日战争时期，开明绅

---

① 李慎明：《苏共的蜕化变质是苏联解体的根本原因》，《政治学研究》2021 年第 6 期。

② 《十八大以来重要文献选编》（上），中央文献出版社 2014 年版，第 134 页。

③ 李慎明：《培养革命事业接班人是国际共产主义运动的一个重大课题——纪念中国共产党成立 100 周年》，《世界社会主义研究》2021 年第 4 期。

士包括地主都是人民，只要赞成抗日、参加抗日就是人民。马克思所说的群众、阶级、政党、领袖，这里的群众就是指全部人的集合。而政党就是在阶级斗争的历史进程中，代表某个阶级、阶层或集团并为实现其利益而进行斗争的政治组织。

每一个社会时代都需要有自己的伟大人物，如果没有这样的伟大人物，它就要创造出这样的人物。一个成熟的政党总会在长期的实践斗争中产生自己的领袖人物，以带领本党、本阶级更好地推动理论发展和实践变革。马克思主义绝不否认个人在历史上的作用。列宁提出："政治是一门科学，是一种艺术，它不是天上掉下来的，不费力是掌握不了的；无产阶级要想战胜资产阶级，就必须造就出自己的，无产阶级的'阶级的政治家'，而这些政治家同资产阶级的政治家比起来应该毫不逊色。"①

在领袖、政党、阶级、群众的关系中，最需要认清的是群众与领袖的关系。毫无疑问，人民，只有人民，才是创造世界历史的动力。群众生气勃勃的创造力是社会主义社会的基本因素。生气勃勃的、创造性的社会主义是由人民群众自己创立的。马克思主义旗帜鲜明地坚持群众史观，认为人民群众是历史的创造者。马克思主义经典作家要求，无产阶级政党必须密切联系群众，充分相信群众，紧密依靠群众，虚心向群众学习。

英雄当然不是凭幻想、随心所欲地创造历史。正如列宁所说："具有优秀精神品质的是少数人，而决定历史结局的却是广大群众，如果这些少数人不中群众的意，群众有时就会对他们不太客气。"② 没有革命的理论，就没有革命的运动。人民群众一旦认识和掌握了这些真理，就能最终获得一个崭新的世界。

在认识群众与领袖的关系时，一定要认识到群众与领袖作用的辩证统一。把视野放入历史的长河之中，当然是人民群众起着决定性的作用。但是，马克思主义绝不否定个人在一定历史条件下起到的特殊作用。恩格斯谈到马克思对人类的贡献时说："没有他，我们至今还会在黑暗中徘徊。"③ 邓小平同

---

① 《列宁选集》第 4 卷，人民出版社 2012 年版，第 189 页。
② 《列宁选集》第 4 卷，人民出版社 2012 年版，第 679 页。
③ 《马克思恩格斯选集》第 4 卷，人民出版社 2012 年版，第 558 页。

志在评价毛泽东同志时提出："没有毛主席，至少我们中国人民还要在黑暗中摸索更长的时间。"① 因此，如果没有产生伟大人物，历史的总趋势、总方向虽不会改变，但可能会延缓。

在认识群众与领袖的关系时，还要认识到领袖并不是无所不能的。领袖是在千百万人民群众实践并在总结实践经验的基础上诞生的杰出人物。没有千百万人民群众的实践，领袖就是无源之水、无本之木。在著名的"九评"中，毛泽东同志指出："无产阶级革命事业的接班人，是在群众斗争中产生的，是在革命大风大浪的锻炼中成长的。应当在长期的群众斗争中，考察和识别干部，挑选和培养接班人。"②

第四，习近平是毛泽东、邓小平两个时代培养的杰出的无产阶级革命事业接班人。习近平先在国务院和中央军委这一宏观决策部门开阔视野，然后沉入基层，从县委副书记干起，一级一级历练多个岗位和多个区域，既坚守"我将无我，不负人民"的党的优良传统，又拓展世界眼光，不负党心、民心、军心，与一大批年轻人一起，成长为中国特色社会主义事业合格的接班人。

党的十八大诞生了以习近平同志为核心的党中央。十年来国内外各种风浪的考验和检验，进一步充分证明习近平总书记不仅是毛泽东和邓小平时代成长起来的杰出的可靠的革命事业接班人，而且是得到了全党、全军和全国各族人民衷心拥戴的当之无愧的革命领袖。

习近平总书记是毛泽东、邓小平两个时代培养的杰出的无产阶级革命事业接班人。这既是历史的偶然，同时更是历史的必然。做到坚决维护习近平总书记党中央的核心、全党的核心地位，坚决维护党中央权威和集中统一领导，是我们党和国家今后紧紧抓住前所未有的机遇、应对世所罕见的挑战的命脉所系，是加强党的政治建设和赢得新的战略机遇期的关键所在。因此，"两个维护"是我们党的政治命脉，是最根本的政治要求、最重要的政治纪律、最严肃的政治规矩，我们要毫不动摇地践行"两个维护"、坚决做到

---

① 《邓小平文选》第 2 卷，人民出版社 1994 年版，第 345 页。
② 《建国以来重要文献选编》第 19 册，中央文献出版社 1998 年版，第 72 页。

"两个维护"。

马克思、恩格斯在《共产党宣言》中指出："现代的国家政权不过是管理整个资产阶级的共同事务的委员会罢了。"① 而我们人民当家作主的社会主义公有制为主体的国家，是人类历史上最为年轻、最为进步、最为文明并且正在探索和成长的政权。这一政权直接执掌着党和国家经济社会发展的大政方针与运营机制。党和国家的各级领导干部特别是高级干部，尤其是领袖人物，不仅需要出以公心的高尚品德，而且需要十分丰厚的实践经验和马克思主义的理论功底，需要敢于斗争、善于斗争，需要有长远战略的胸怀视野，需要坚韧不拔、百折不挠的坚强毅力等。党中央是中国特色社会主义政治上层建筑中最为重要的部分，直接反作用于经济基础，并且在特定条件下起着决定性作用，往往还直接决定文化的上层建筑。

习近平总书记在"7·26"重要讲话中明确指出："当前，世界百年未有之大变局加速演进，世界之变、时代之变、历史之变的特征更加明显。我国发展面临新的战略机遇、新的战略任务、新的战略阶段、新的战略要求、新的战略环境，需要应对的风险和挑战、需要解决的矛盾和问题比以往更加错综复杂。"② 具体来看，当今世界仍然处于金融帝国主义时代，"尽管这一趋势在减弱，但仍然没有质的改变"③，占世界主导地位的资本主义正在由垄断、腐朽阶段向垂死阶段过渡。党、国家和人民今后要紧紧抓住前所未有的机遇、应对世所罕见的挑战，更加需要思想上、政治上正确路线的指引和党中央坚强正确的领导。全党全国以及学术界，必须进一步深刻认识"两个确立"的重大意义，坚决做到"两个维护"。

---

① 《马克思恩格斯选集》第 1 卷，人民出版社 2012 年版，第 402 页。
② 《习近平在省部级主要领导干部"学习习近平总书记重要讲话精神，迎接党的二十大"专题研讨班上发表重要讲话强调 高举中国特色社会主义伟大旗帜　奋力谱写全面建设社会主义现代化国家崭新篇章》，《人民日报》2022 年 7 月 28 日。
③ 李慎明：《当今世界仍然处于金融帝国主义时代》，《毛泽东邓小平理论研究》2016 年第 8 期。

圆桌论坛

2021 年 11 月 6 日至 12 月 4 日，由天津师范大学国家治理研究院主办的"人民民主公开课"围绕"人民民主"主题推出系列讲座。天津师范大学国家治理研究院院长佟德志教授担任此次公开课的主持人，华中师范大学中国农村研究院院长徐勇教授、吉林大学行政学院周光辉教授、北京大学政府管理学院院长燕继荣教授、中国人民大学国际关系学院院长杨光斌教授、华东政法大学副校长张明军教授、复旦大学国际关系与公共事务学院院长苏长和教授、清华大学社会科学学院副院长孟天广教授等多位政治学界领军学者担任主讲嘉宾，他们从多元视角，运用多种方法对民主问题进行深入剖析，打破西方民主迷信、坚定中国特色社会主义民主自信。《政治学评论》刊发部分学者的演讲实录，以飨读者。

单一制中国的纵横向民主

徐 勇[*]

全过程人民民主是 2021 年政治学的热门话题。不仅在于中国要站在政治道义的制高点上，而且在于中国要贡献出新型的民主样式。中美可以说是世界上差异最大的两个国家，也是当今世界意识形态碰撞最为激烈的两个国家。其中的因素很多，本文将从国家结构形式的角度来阐释。

民主是人民意志表达与利益满足的一种制度安排。民主是在一个国家空间里实现的。民主内容由国家性质决定，民主形式受制于国家结构形式。国家结构形式指国家整体与部分之间的关系结构，主要有单一制和联邦制。在数千年的基础上，中国形成了单一制的国家结构形式，有助于维护大规模、多民族、差异化的国家统一。"周虽旧邦，其命维新。"新中国成立后，国家政权性质发生了根本性变化。中华人民共和国的一切权力属于人民。人民在中国共产党领导下建设和治理国家。中国共产党在单一制的国家结构形式下治国理政。国家结构形式决定了政治行为必须在一定的结构内并受制于结构，同时也规定了在结构内的积极行动。

中国的民主具有鲜明的治理性，伴随治国理政的全过程。全过程治理与全过程人民民主相伴相随。它们共同存续于中国的单一制国家结构形式之中。单一制国家结构形式是中国民主的结构性条件，治理式民主是中国民主的重要特点。

1987 年，六届全国人大常委会委员长彭真根据宪法精神指出，10 亿人民如何行使民主权利，当家作主，这是一个很大的根本的问题。其最基本的两

---

[*] 徐勇，华中师范大学人文社会科学资深教授。

个方面是：一方面，10 亿人民通过他们选出的代表组成全国人大和地方各级人大，行使管理国家的权力；另一方面，在基层实行群众自治，群众自己的事情由群众自己依法去办，由群众自己直接行使民主权利。彭真的讲话为中国式民主搭建了一个基本框架，反映了单一制国家结构形式的特点。社会主义愈发展，民主形式愈丰富，并形成了一个上下纵向、左右横向的治理式民主体系。用习近平总书记的话来讲，这种民主是全链条、全方位、全覆盖的民主。

一　上下纵向结构民主

人类最初都起源于原始民主，这是人类共同的起源。但是民主生长是一个长期漫长的过程，不是某一个国家的专利品，只是表现形式有所不同。西方因为海洋、商业和城邦，基于横向联合，很早有了民主制。它主要解决的是基于横向联合产生的公共权力的合法性问题：凭什么由你而不是我来统治？这就产生了投票，通过这种直接民主的形式来共同认可国家权力，由此产生了民主制。但这种小国寡民的自治民主有个天然的弱点，就是以自我为中心。古希腊城邦是以一个个岛组成的，城邦具有天然的海洋边界，每个岛都是以自我为中心的，也很容易因自我中心而崩溃。顾准先生在《希腊城邦制度》一书中指出："自治自给的城邦制度有一个致命的弱点，它的个人主义和城邦本位主义，使它在强大的外敌侵犯面前显得是一盘散沙，使它宁愿各别屈从大帝国成为它的藩属，无法团结起来外御强敌，并在对外战争中谋求民族统一。"各个岛以自我为中心，有利者和，无利者散，这种民主形式很容易崩溃。我们可以看到西方民主的兴盛来自古希腊，它的衰败也跟古希腊有关系。他们重视横向联合，横向联合是以共同利益为基点的。联合起来，力量强大；联合不起来，力量迅速就衰败了。这就是我们现在所用的"否决式民主"概念，因为都是站在各自的立场上去考虑问题的。随着现代西方个人主义的兴起，西方因为居于现代化的前列而获得对事物的定义权，开始以西方民主为坐标，定义其他国家的政治。延续了数千年的"东方专制主义"定义成为西方人对东方政治的模式化定义。但这一定义遮蔽了许多事实。笔者曾经写过

"东方自由主义传统的发掘",提出东方并不是只有专制,没有自由。它是有自由的,只是形式不一样。同时,东方也是有民主的,但是被"东方专制主义"这个强大的话语体系遮蔽掉了。

中国很早便有了民主的因素。秦始皇开始,中国形成了一个中央集权的统一国家,具有单一制国家结构形式的特性。顾准先生在《希腊城邦制度》一书中指出:"唯有绝对专制主义才能完成中国的统一,才能继承发掘并传布中国文明。"中国实行中央集权政制,主要是为了解决国家的组织和统一性问题,所以"百代皆行秦政制"。但是,即使是"家天下"的国家权力性质和中央集权的国家结构形式,基于"治国平天下"的需要,也需要有一定程度的上下政治沟通,反映社情民意。大家都知道《史记》就是中国的政治学。它讲为什么陈胜吴广一介草民百姓能够掀翻秦王朝。在于"由民困而主不恤,下怨而上不知,俗已乱而政不修,此三者陈涉之所以为资也。是之谓土崩。故曰天下之患在于土崩"。秦王朝的"土崩"一直成为后世王朝的教科书,即怎么样来避免王朝的"土崩",并且寻找规律办法,这就有了治理。"治国平天下"需要有一定的民主要素。只是这一要素十分微弱,远远不足达到"治国平天下"的需要,因此有了"王朝周期率"。

在抗日战争前夕,民主党派人士黄炎培先生专门问到毛泽东同志:中国共产党能否打破"王朝周期率"?毛泽东当时提出打破"王朝周期率"的重要方式是民主。新中国成立后,国家政权性质发生了根本性变化,但是我们的治理还是在单一制国家结构形式下进行治理,并需要获得有效治理。没有有效治理,民主的政权性质体现不出来。而民主又需要有相应的形式,只是民主形式受制于国家结构。正是在单一制的国家结构形式下,在自上而下的国家治理中形成了一个上下结构的纵向民主体系。

这个纵向民主体系有四个支柱:

第一,作为国家根本制度的人民代表大会制度。人民通过他们选出的代表组成全国人大和地方各级人大,行使管理国家的权力,形成代表制民主。

第二,作为国家基本制度的政治协商制度。通过各级政治协商组织,广泛征求和反映社情民意,促进科学决策,形成协商制民主。

第三,作为国家重要制度的人民信访制度。人民群众通过各级信访部门反映个体和群体的要求和意见，维护自己的合法权益，形成直诉制民主。

第四，作为政治运行机制的政治沟通机制。通过各级领导人调研、各级党政机构专报、政府听政议事、新闻机构等方式了解社情民意，以最大限度地满足人民利益要求，形成结果制民主。

二　左右横向结构民主

尽管随着国家建立，原始民主形态被打破，但原始民主的因子一直保留在社会之中。有了"家天下"之后，原始民主形态被破坏了，但是民主的因子保留在社会当中。中国长期以来是大规模的农业文明国家，国家统治能力有限，农业社会主要依靠自我调节。要促进社会的横向联系，实现有效的自我调节，必须具备民主因素。马克思以治水为例谈到东西方政治制度时有一段经典的话语：西方治水是基于自愿联合。例如，荷兰的低地治水是靠自愿联合，自愿联合产生了民主。中国的治水是政府治水，要求个人参与。后来魏特夫把马克思的话无限放大了，建构起东方专制主义的话语体系。中国是典型的治水社会，大量治水活动是通过社会自我联合进行的，这种自我联合基于当事人的同意。魏特夫的《东方专制主义》主要依据的是国家治水，而忽略了中国治水中广泛存在的社会治水。例如，中国南方稻作区就存在社会治水现象，这其中就蕴藏着民主要素。没有当事人意见的表达和利益的满足，社会治水根本无法达成。此外，"有事好商量"作为中国人的口头禅，也反映了民主要素。只是这个民主要素在传统社会没有制度化。

在单一制国家，自上而下的纵向治理之下，存在着一个具有相对独立性的"基层社会"。有效的基层治理必须具备一定的民主要素，否则会存在一个个分割国家主权整体的"小主权者"，形成独霸一方的"土围子"。秦始皇统一中国之前的商鞅变法干了两件大事，当时不起眼，但是后来影响深远：第一是分家，把一个个大的宗族共同体分割成一个个小家庭；第二是立户，立户意味着都成为国家的编户齐民，也就是大家都是平等的国民。但是"小主权者"难以消灭，比如地主是地的主人，不是人的主人，这与西方不同。西方的农奴主既是地的主人，也是人的主人。中国讲地主是地的主人，而不是人的主人。地主不占有人身,所以不是完整的"小主权者",但是也因为占有土地而造成人身依附。

新中国成立后,国家权力高度集中,不断消除了"小主权者"产生的社会基础。同时,在单一制国家结构形式下,仍然存在着具有相对独立性的"基层社会"。要实现有效的基层治理,调动人民群众的主动性、积极性和创造性,必须发育和扩展民主要素。邓小平对中国民主有很深的认识,虽然没有非常学理化的定义,但是他用平实的话语把中国民主的本质揭示出来了。邓小平改革初期便说:"调动积极性是最大的民主。"① 如果一个地方民主的程序十分严密,但是人民的积极性不高,那算是民主吗?让每一个人想破脑袋把对方击败,让自己上台,那是民主吗?不是民主。所以说邓小平同志对中国民主有很深刻的认识,同时也提出了民主的标准。我们现在讲的民主标准与邓小平同志讲的"三个有利于"是有关的。改革开放以来,随着我国经济社会发展,社会的横向联系愈来愈多,在横向的基层治理中的民主要素不断生长和扩展,形成了一个横向民主体系。

横向民主体系也有四大支柱。

第一个是作为国家基本制度的基层群众自治制度。全过程民主与基层群众自治制度密切相关。城乡基层群众通过自治组织实现民主选举、民主决策、民主管理、民主监督和民主协商,五个民主反映了权力运行的全过程。原来我们只考虑西方式的选举,实际上中国在基层已经走出了全过程民主的道路。这也是基层群众自治制度成为国家基本政治制度的原因。如果基层治理没有民主的要素渗透进去,那基层很有可能产生一个个"小主权者",分割人民主权整体。

第二个是作为国家重要制度的职工代表大会制度。由于每个人都生活在单位之中,单位领导如果不顾民意,他也很有可能成为"小主权者"。单位工作人员通过以职工代表大会为主干的各种方式,反映和表达自己的意志,形成单位民主制。

第三个是作为国家正式组织的群团组织制度。人们通过各种群众团体实

---

① 《邓小平文选》第3卷,人民出版社1993年版,第242页。

现横向联系，并在横向联合中反映和表达自己的意志，形成群团民主制。

第四个是改革开放以来处于国家体系之下的社会组织制度。人民通过各种社会组织实现横向联系，并在横向联合中反映和表达自己的意志，形成社会民主制。

从横向看，社会在发展，治理也在扩展，民主也在跟上，这是中国的一个特点。治理到哪里，民主便延伸到哪里。因此，全过程治理与全过程人民民主相辅相成。

在单一制国家结构下，中国已初步形成了一个纵横向民主框架，底座与"四梁八柱"都已成形。随着经济社会发展和民主实践深入，与治理同步的民主内容和形式会更加丰富。柱子有了，但是内容和形式还要扩展，民主是一个过程，民主永远在路上。但是，中国已经形成了基本框架，为世界贡献出了中国式治理民主的新道路。

现代国家建构与中国式民主道路

周光辉[*]

相较于 12 年前武汉大学召开的"中国式民主国际研讨会",当今谈论中国式民主的时代背景已经发生了深刻变化。这些变化的主要表现有三点:一是中国全面建成小康社会,开启了全面建成社会主义现代化国家的新征程;二是世界处于百年未有之大变局;三是 2010 年开始的中东北非动乱导致多个国家的秩序瓦解,形成地区性的制度坍塌,有的国家至今仍陷于战乱之中,甚至成为国际恐怖主义的滋生地。这些新的变化给了我们两点启示:一是要拓展民主化的比较视野,特别要注重发展中国家民主化进程的得失经验研究;二是发展民主需要历史的、务实的、审慎的理性态度。

一　民主化不是一个线性的过程

民主是全人类的共同价值,也是中国近代以来先进知识分子追求的目标。民主是值得追求的,但民主化也是一种有风险的政治实践。因为从世界范围内的民主化进程来看,发展中国家的民主化道路并没有如其所愿,而是出现了脆弱国家和失败国家。这表明民主化道路并不是一个线性的过程。从一些发展中国家民主化的实践中,我们可以发现以下几点:一是民主化不能简化为制度变迁过程,还有深层的结构重组过程,即制度变迁和社会结构的重组之间并不是同步的。社会结构的变化是一个长期的演变过程,这就意味着如果我们引进的民主制度与社会结构不匹配,就会出现水土不服的现象。二是

＊　周光辉,吉林大学行政学院教授。

民主化的初始条件会影响民主道路的选择和民主质量。三是民主化进程是有成本的，可能导致国家的脆弱性。四是民主化不仅有建构性，也有解构性，可能导致族群的分裂。

学术界对于影响民主化进程的初始条件进行了深入研究，主要包括经济发展水平、国民教育程度、中产阶级的成长、分配的平等程度、国民及族群的同质化程度、社会自组织程度、法治程度、政府的治理能力等。此外，民主化也是有成本的。若民主化进程中，国家治理能力无法与之相匹配，就有可能导致国家治理的失效，引发族群分裂、冲突暴力的产生、政局动荡、社会秩序的混乱等，尤其是可能会大大降低民主效能，使经济发展和人民生活水平受到影响。

一些国际组织从不同的角度对"脆弱国家"进行了定义。从中可以看出脆弱国家的核心问题是当一个政府治理能力失效时，推进民主会导致国家脆弱。有的学者也从不同的角度对第三波民主化进行了归因分析，其中很重要的两点是：其一，第三波民主化在有些国家造成了国家分裂和族群暴力冲突的加剧。这是因为民主制度内置的社会动员机制，可能会导致社会矛盾的放大。这一点在那些族群、阶层分裂严重的国家尤为明显。也就是说，民主化的进程和一个国家的社会结构是密切相关的。当一个社会结构内部族群的异质化程度很高时，推进民主化可能会在其国家内部产生持续不断的族群冲突问题。其二，第三波民主化导致了一些国家的经济萧条、社会失序。由于民主先天的"消费和再分配冲动"和民主制度下各种制衡机制带来的决策和施政效率低下，民主化进程中可能会产生失败的治理，进而阻碍经济的发展。如拉美和一些非洲国家在转型过程中出现了经济失衡、社会失序的问题。

根据上述分析，我们可以得出结论：对于发展中国家而言，不能脱离国家的构建来推进民主化。如果后发展中国家尚未完成国家建构，就脱离国情、盲目地引进西方自由民主制度，那么这些国家的国家建构进程可能会瓦解。如阿富汗和一些非洲国家就是这种情况。美国政治学者福山（Francis Fukuyama）在其近期出版的著作《国家构建：21世纪的国家治理与世界秩序》中也谈到民主化绝不会是一个自发的进程，治理有方的政治实体作为它的前提条件贯穿于这一进程的始终。他认为："软弱无能国家或失败国家已成为当今世界上许多严重问题的根源。"这也是近十年来国际形势发生的变化以及我们需从新的角度来看待中国式民主道路的原因。

二 中国式民主道路是在现代国家构建的历史中形成的

中国民主道路的选择受结构性条件的影响。从历史唯物主义的角度来分析，"人们自己创造自己的历史，但是他们不是随心所欲地创造，并不是在自己选定的条件下创造，而是在直接碰到的、既定的、从过去继承下来的条件下创造"。① 一种制度只有植根于社会结构中，才能有效发挥其作用。历史制度主义也指出，"各种形式的社会行为不断地经由时空两个向度再生产出来，我们只是在这个意义上说社会系统存在着结构性特征"。

中国式民主道路的形成主要受三个结构性因素的影响，这三个结构性因素交织构成了中国式民主道路的内在逻辑：历史逻辑、文明逻辑和革命逻辑。中国的现代化道路是在历史因素与现实因素交织、内因与外因的矛盾交汇中前行的，其呈现的复杂性、曲折性、艰难性，超出了现有的理论想象。

从历史逻辑来看，中国不是一个想象的共同体，历史上就是一个早熟国家。考古学家苏秉琦教授就曾将中国的国家发展概括为"古国—方国—帝国"的进程。这就为中国的民主化道路提供了历史规定性：中国的民主道路不是一个概念的生成演化过程、不是一个概念化的过程，也不是一个逻辑的可能性，而是一个历史的可能性和现实的可能性问题。美国汉学家孔飞力（Philip Alden Kuhn）教授在其著作《中国现代国家的起源》中也提出了"中国与欧洲国家形成了不同的历史走向，欧洲国家是古罗马帝国解体后分化的结果，而中国作为一个统一的国家并进入现代"的观点。这就是历史中国给近代中国到当代演化提供的一个非常重要的结构性约束条件，即维护国家的统一性。

美国历史学家罗德里克·麦克法夸尔（Roderick MacFarquhar）和费正清（John King Fairbank）教授在《剑桥中华人民共和国史》一书中提出了中欧为

---

① 《马克思恩格斯选集》第1卷，人民出版社2012年版，第669页。

何在人口数量相似的情况下却演变出分裂和统一两种形态的疑问，并通过分析指出："我们民族主义和民族—国家等字眼用于中国时，只会使我们误入歧途。要了解中国不能仅仅靠移植西方的名词。它是一个不同的生命。它的政治只能从其内部进行演变性的了解。"这表明，中国的现代化发展和民主道路的选择，只能从其内部的演进过程中进行深入分析。

从文明逻辑来看，英国历史学家阿诺德·汤因比（Arnold Joseph Toynbee）在研究世界文明史的过程中产生了两个困惑，即相似的地理条件为什么会产生不同的文明，为什么有的文明曾经辉煌后来衰败了？基于对这些问题的思考，他在《历史研究》一书中提出了一个非常重要的观点，即仅仅用自然科学的因果分析方法是无法解释文明兴衰的。他认为："文明兴衰的基本原因是挑战和应战。一个文明如果能够成功地应对挑战，那么它就会诞生和成长起来；反之，如果不能成功地应对挑战，那么它就会走向衰落和解体。"

中国是一个有着五千年文明历史的国家，面临外部挑战时具有应战能力。近代以来我国面临外部挑战的应战逻辑就表现为争取民族独立的伟大斗争。因此，在研究中国这样一个具有很强的国家韧性的轴心文明国家向现代化转化的过程时，就不能采用单一的线性模式，而是要采用多元性的分析视角。简单地以目前西方发达国家的经验作为标准来衡量一切国家的做法会陷入"幸存者偏差"的认识误区之中。

从"多元现代性"的角度来看：首先，现代化不等于西方化，西方的现代性模式并不代表现代性的唯一真实，尽管它相对其他现代化来说有参照作用；其次，现代性从其发生时起，就从未有过统一不变的定义，现代性本来就充满着内在的矛盾，这种矛盾意味着现代社会永远处于不断重构的变动之中。哲学家哈贝马斯就提出"现代性是一项未完成的工程"的命题。从这个视角来看，理解现代性历史的最佳途径，就是把它看作是一个以多样性的方式不断建构和重构现代性过程的故事。因此，从多元现代性的角度看中国，有助于我们更好地理解中国。

从革命逻辑来看，中国近代要实现从传统的王朝国家向人民主权国家的转变，实现人民的解放，遵循的不是议会逻辑，而是革命逻辑。在此过程中，其面临三大挑战和任务：一是变革中如何维护国家统一性，这是历史留给近代中国和当代中国的结构性约束；二是变革中如何保持文明的延续性，文明的维系和民族的独立是近代中国面临的重大时代课题和任务；三是变革中如何实现国家的重建，即建设一个人民主权的国家。

辛亥革命推翻了几千年的封建王朝统治，开启了现代国家构建的历史进程，但也给我们留下了深刻教训：即虽然建立了号称亚洲第一个民主国家，但由于照搬西方模式而导致水土不服，无法克服中央权威弱化导致的地方主义、军事力量军阀化成为独立的政治力量、分散主义和族群多样化问题引发的冲突、基层社会治理流于粗放进而出现黑社会化四大难题，并因此导致了军阀混战和社会溃败。

在近代中国各种政治力量的较量中，特别是在军事力量主导争夺中国现代化道路领导权的历史条件下，最终中国共产党领导的新民主主义革命取得了胜利，建立了中华人民共和国。从国家构建的角度讲，当代中国确立的国家治理体系，既不同于以皇权为中心的传统国家体制，又不同于西方国家所采用的政党竞争、分权制衡的国家制度，而是一种新型现代国家。它体现在党的领导体制与人民代表大会制度的结合，实现了党的领导与人民民主的有机结合；体现在单一制体制与民族区域自治制度的有机结合，完成了高水平的国家整合。实际上国家构建主要面临国家整合和国家认同两个核心任务。如果在这两个任务没有完成的情况下盲目推进民主化进程，可能产生很大风险。因此中国成功的奥秘就在于在新型国家的构建中推进人民民主建设。

三　中国式民主道路的合理性阐释

从内生性的角度来看，中国式民主道路扎根于中国土壤，内生于中国式现代化道路的历史进程中。发展民主是现代化的重要组成部分。中国的成功在于把经济发展、政治民主和社会稳定三个具有张力的不同目标内嵌于中国现代化建设的历史进程中，通过发展人民民主，为促进经济发展、维护社会稳定提供政治保障。

从有效性的角度来看，在推进中国式民主道路的进程中，中国注重寻求价值与成本之间的平衡，强调有效性。有效性注重成本分析、注重底线思维、注重结果导向，改革方案的设计更注重寻求价值与成本的平衡。中国式民主道路的重要经验是把民主与治理结合起来，以人民民众的满意度为是否有效的标准，从而在广泛深刻的社会变革中，既创造了经济增长的奇迹，又保持了社会的长期稳定。

从渐进性的角度来看，发展民主是一个长期的过程，中国高度注重在历史的连续性与阶段性的统一中积极发展人民民主。由于民主改革是以人类为对象的大规模试验，而人类的知识和能力是有限的。渐进性改革特别强调对改革方案的设计要持谨慎的态度。尽管发展民主是可求的，但可能包含了这种或那种难以承受的成本和无法预期的风险。中国采取的渐进性的民主道路，强调改革方案要注重可操作性，注重实现的手段、机制和方法研究，长远目标要有步骤、分阶段实施，把"稳中求进"作为改革的总基调，防止出现颠覆性的错误，这就为民主化进程行稳致远奠定了基础。

总之，我国在新型国家构建中形成了中国式民主道路，在推进国家治理体系现代化的进程中发展人民民主；通过发展人民民主，更好地改善民生，更充分地保障人权；在寻求经济高质量发展，发展更高水平民主的历史进程中，实现国家的长治久安。这是中国之幸！人民之福！世界之祥！

民主的精神与民主的实现方式

燕继荣*

都说民主是国家现代化的一道坎。中国必须要迈过这道坎，才能崛起成为一个现代化强国。要迈过这道坎，就必须要明白这道坎究竟是一道什么坎。

针对民主的讨论很多，分歧也很大。关于民主的学术争论需要认真考察。比如，民主是人民当家作主还是民主集中制？民主是一种制度安排还是一种决策的原则？如果是一种制度安排，它是一种怎样的制度安排？民主是对抗性的制度还是和谐性的、合作性的制度？民主是一个终极的目标还是一个文明的过程？民主现实的形式究竟是精英民主还是多元民主或者是人民民主？……所有围绕这些话题的争论，观点各异。正如有人曾经比喻，如果询问十位政治家民主的定义，可能得到十一种不同的答案。

根据最新思想动向来看，关于民主有两个方面需要关注。一方面，随着中美关系格局的变化，美国、西方强化了民主意识形态化的倾向；另一方面，随着美国社会的撕裂，欧盟结构的松动以及中东尤其是阿富汗、叙利亚这些地方战乱不断，似乎出现了一股反民主的潮流。过去学术界喜欢在探讨民主时提到亨廷顿，亨廷顿在世时，人们热衷于讨论民主化的第三波。亨廷顿去世后，人们开始对自由民主感到深深的忧虑，这种忧虑是从福山这样一些美国学者开始，到了中国就变成了一种新的思考，民主更多时候成为一个政治反思的主要话题。

当然，在有些人看来，民主成了一种构陷，或者是落伍、过时的政治概念。因此，在传统的争论和最新思想动向这两个背景下，应有一个关于民主

* 燕继荣，北京大学政府管理学院院长、教授。

的明确态度和明确立场。

一　民主是人类社会永远激励前进的价值性概念

人世间有很多的价值性概念，它激励人们永远地前进。如以人民为中心、共享发展、公平、正义、自由、平等、法治、宽容等。这些概念实际上都是一些价值性的概念。民主也是这样一个概念。它是一个永无止境的过程，而不是一个固定的目标和结果。民主也是政治文明的追求和标志，也是中国启动现代化以来一贯的追求。这一追求构成了中国不断进步，特别是政治不断发展、政府不断改革的动力。改革前后的比较可以证明，能否最大限度地坚持和贯彻民主原则，是国家制度是否平稳、各种风险能否得以化解、经济社会与一切国家和国民事务进展能否顺利的一个主要原因。正反的经验都说明，必须旗帜鲜明地高举民主这面大旗，不能因为经济下行、社会矛盾而有所动摇。当然，应该明确的是民主提倡人民当家作主的理念，这种理念包括人民要做自己的主人，也要做国家的主人，但做主人并不等于想做什么就做什么，想怎么干就怎么干。法治是民主的目标，法制是民主的条件。这样看就在民主建设和国家治理现代化之间建立了联系。中国民主化就是在国家治理现代化进程中得到推进和展开的。

二　西方民主的问题不足以成为怀疑民主的原因

西方的或者美国的民主政治是基于自身的历史文化条件形成的政治经验总结。这种实践未必完全适用于其他国家。目前国际竞争的态势下也显示出种种问题。这些问题并不能成为民主价值遭受怀疑的理由，不应影响中国把自身民主建设好，我们要让中国的民主有效运转起来。正如习近平总书记指出，民主是各国人民的权利，而不是少数国家的专利。民主当然也是中国人民的权利，不能因为一些国家的民主版本遭到滥用而动摇中国人民权利的信念，而且人民权利本位必须要坚守，否则权力本位和官本位就更加不可遏制。

三　民主从来都不是一帆风顺的，中国要不断克服民主建设的各种困难

无论全球民主化进程还是某个国家的民主化过程都表明，民主的发展从来都不是一帆风顺的。如果是一帆风顺的，就不会存在所谓的民主浪潮或者民主巩固的说法。从总体上看，民主在世界各国取得一些进步。在过去的四十五年里，不同的国家都在往前走。

当然，也有一些研究指出，2000年以来民主开始衰退，许多事实也支持这种判断。比如2011年中东北非动乱最终恶化成一些新的独裁统治，出现内战、无政府的状态和一些激进的运动。"橙色革命"不仅没有改善乌克兰的总体状况，反而让其陷入一种分裂的困境。其他一些所谓的公民社会也没有成功引领国家建立良好的秩序，反而激发了内部的分裂倾向。非洲的一些国家也因为民主转变，国家能力受到极大的削弱。还有在2019年美国的新冠肺炎疫情、2020年的美国选举中，社会的分裂加剧，让人们对民主产生新的质疑。

福山曾经提出问题，民主在全球为什么表现如此差劲。他指出，全球化和技术革命这些新特点使民主赖以生存的中产阶级受到削弱。他提出一个问题，即民主这种差劲的表现是否预示了全球政治会出现更广泛的转变，民主会不会有一个替代品正在崛起。李光耀曾提出亚洲价值观，认为亚洲人的价值观比西方表现出更多权威性、社群性和非自由性，把秩序看得高于自由、群体高于个人、领导人高于法律。目前，他的亚洲价值观被儒家的价值观所接续。无论如何，这些说法都不能理解为是对民主精神和理念的一种替代。不过，这或许是中国崛起的一个机会。中国的崛起应该有多重内容，包括经济、军事、政治、文化等的崛起。中国必须要迈过这道坎，才能有政治的崛起。

四　对民主的反思促进民主的进步

通过考察民主的理论和实践的历史，发现对民主的反思促进民主的进步。

民主理论的进步经过几次重大的飞跃。

第一次飞跃是从直接民主向代议制民主的转型。政党政治、精英政治、自由民主、宪政民主都是这次转型的成果。这些成果需要接纳和认可，但也应注意，以政党竞争、选票为基础的代议制民主，存在为了获取更多的选票而将选民范围无限扩大的风险。大量持有不同价值观念的新移民和犯罪分子获得选举权，造成政治共同体的共识破裂。政党竞争许诺空头支票不设下限。选民权利被稀释，规则被操控，导致定期选举对政治精英优胜劣汰和选择功能的失效。一些任期长达二三十年的议员不再能代表大众反映民意，相反，他们成为深层政府（Deep State），这样他们和民众的利益就越发脱节。

正是在这样的问题下，民主的理论和实践迎来第二次飞跃，即代议制民主向基于共识的协商民主的升华。这里面有两个方面的反思值得注意。一方面是提倡审慎思考的协商民主，另一方面是将民主的战线从代表选举扩展到决策、管理和监督整个过程，也就是将公民参与的努力扩展到从选举到决策、管理和监督的每一个环节。这也是当下阐释全过程民主的理论意义。随着教育的普及、科技的进步，公共管理和公共服务的全覆盖、精细化，政治的专业化门槛大大降低，没有政治家经验的政治素人击败老政客的意外事件越发增多。比如有报道显示，一位名不见经传的卡车司机，以共和党新人的身份出乎意料地击败新泽西州民主党的大佬，他仅仅为选举花了 153.31 美元。这说明平民参与并且赢得选举的可能性在提高，代议制民主发展成为昂贵政治的势头有可能被遏制。这种现象带来两个后果。第一个是政党的再次劳工化，精英民主受到挑战。第二个是参与式民主复兴的可能。这可能就带来第三次民主的飞跃，就是大众民主的再现。

五　民主精神和理念是普遍的，实现方式是多样的

关于民主的知识有很多不同的版本。例如古典思想家亚里士多德、法国启蒙思想家卢梭、英国启蒙思想家洛克，还有自由思想家密尔、美国思想家联邦党人以及贵族思想代表人物托克维尔，都提出了不同的民主理论。第二次世界大战后出现更多关于民主的反思。如熊彼特的精英民主理论、达尔的

多元民主理论、萨托利的《民主新论》、90 年代的协商民主理论、21 世纪初斯坦福的拉里·戴蒙德的《民主的精神》以及剑桥的斯坦·林根的《民主是做什么用的》等。

或许可以期待，中国人写出一本自己的《民主新论》。在这个新论中，可以把民主分为民主精神的观念和民主实现的方式。作为观念的民主也就是民主精神，主要核心是人民当家作主、责任政府、公民自由、国家依法而治等；作为实现的形式，包括民主制度、民主决策、民主管理等。民主制度强调协同合作，民主决策是协商民主，民主管理强调共管共治。这样一些理论需要在新的民主新论中得到充分体现。

民主精神和理念是普遍的，但其实现方式是多样的。在不同的国家，根据其历史文化和现实条件，民主实现方式和程度也会有所不同。正如习近平总书记所说，实现民主有多种方式，不可能千篇一律，用单一的标尺来衡量世界丰富多彩的政治制度，用单调的眼光审视人类五彩缤纷的政治文明，这本身就是不民主。这是一个核心问题，也是中国学者、中国人民重新思考民主的起点。

中国人在借鉴世界范围内的民主理论和实践成果的基础上，基于中国政治实践，经过几代人的探索，形成了人民民主。这个概念首先界定了民主的范围，只有属于人民这个群体的公民才有民主权利，犯罪分子不享有这个权利。这就避免了民主范围无限扩大的风险，杜绝了乱开空头支票、不断拉低社会底线的选举民主的一些困境。其次，人民民主强调全过程的民主。习近平总书记在关于人民民主的相关论述中多次强调人民民主是全过程的民主。跨过民主这道门槛，构建民主理论和话语体系，不仅有利于我国，也有利于世界民主的发展。

比较视野下的中国民主模式

杨光斌*

一　美国民主话语权的建构

从 19 世纪中期到 20 世纪中期，国际社会主义运动推动民主成为普遍价值。然而，在 20 世纪 20、30 年代，美国政治学领域出现了质疑的声音，认为普通公民不适合投票，不适合搞民主。但是，民主是世界的普遍主义价值。因此，在 20 世纪中期，美国需要认证自己是民主国家，确立自己的民主性。

美国对民主话语权的建构主要分为三步。第一步，改造民主的内涵，将实质民主改造为程序民主。实质民主就是古典民主，强调的是人民当家作主、多数人统治以及人民主权。程序民主就是熊彼特式民主，就是公民通过选举产生政治家进行决策的过程。从此以后，民主等于选举这种观点流行开来。第二步，改造民主的性质。第二次世界大战之前，西方国家的民主总是被人们称为资本主义或资产阶级民主。无论是资本主义还是资产阶级，都意味着社会的不平等，穷则越穷，富则越富。因此，学术界极为反感资本主义民主。至 20 世纪 50、60 年代，在罗伯特·达尔的影响下，资本主义民主被改造为多元主义民主，也就是后来学者们熟悉的自由主义民主。第三步，改造合法性概念。合法性概念是马克斯·韦伯提出来的。20 世纪中期，在《政治人》这本书中，李普塞特将韦伯的合法性概念加以改造。原先韦伯认为合法性集合了合法律性和有效性政府，而合法性政治就是值得人民信仰和服从的政治。其中，合法律性强调的就是合乎法律程序，有限性强调的是有效统治。李普

---

* 杨光斌，中国人民大学国际关系学院院长、教授。

塞特把合法律性的程序性内容置换为竞争性选举。因此,合法性就是通过竞争性选举产生的有效执政的政权。从此以后,自由民主出现了一个具有普遍性的结论,即衡量政治合法性的唯一标准就是选举授权。这便构成了美国将资本主义民主改造为普遍价值的过程。

二 中美民主模式的比较

民主模式可以被分为两种,一种是民主的价值模式,另一种是民主的实践模式。价值模式体现在民主是根据各国历史文化传统的基本价值塑造的。实践模式体现在政治制度、政治过程和政治结果评价。

在价值模式方面,作为西方民主国家的代表,美国强调人民主权。其实人民民主和人民主权是无产阶级革命、资产阶级革命共同的旗帜。不同的是,在西方的人民民主和人民主权概念中,人民指的是资产阶级。人民概念很早就是政治正确的象征,它并没有确定的政治含义,谁掌握话语权,谁就可以自诩为人民的代表。因此,西方的人民民主就变成了资产阶级或资本主义民主,人民民主被置换为资本主义民主,资本主义民主则被置换为自由主义民主。相比之下,中国推行的是社会主义民主。社会主义民主在价值上与我国的民本主义是一脉相承的。而自由主义在价值上是欧洲文明传统、基督教文明的政治表达。因此,美国的民主体现了从资本主义民主到自由主义民主的过程,中国的民主体现了从社会主义民主到民本主义民主的过程。

在实践模式层面,从政治制度的角度来看,美国的政治制度是代议制民主,中国的政治制度是民主集中制。民主集中制是党的组织原则,也是政府的组织原则。从政治过程的角度来看,西方是典型的多数民主。例如,美国参议院在特别重大事项上,必须要通过2/3的多数决定。与多数决定相对应,中国坚持的是协商共识型民主,强调通过协商达成共识。从政治结果评价的角度来看,很多西方民主国家在实行代议制民主后,其政治过程的效果是无效的。福山也将美国的政治称为否决型政体。比如,美国总统拜登想要加强基础设施建设,他的预算从最初的4万亿削减到如今的1.7万亿,各种各样的否决点阻碍他对基础设施的建设。相比之下,中国的民主则是一种可治理的民主。可治理的民主由三个要素构成：其一是民众的参与；其二是自主性回应，即面对强弱不同的参与意见，党和国家的自主性就显得极为重要，他们对民主参与的回应要有自主性的选择，同时对于公民在民主参与过程中没有提出的意见，党和国家依然要将其考虑进来；其三是责任政治。

现如今，以上两种民主模式都面临着未来的考验。这个考验就是大数据、人工智能时代。人工智能时代构成了对代议制民主的根本性挑战。因为所谓代议，就是代表各地方的利益诉求。那么这也是一个分割式的、碎片化的民主体制。但是，大数据、人工智能是一个整体的、统一的传播模式。因此，大数据时代和代议制民主制度之间出现了根本性的冲突。第一，社会不再需要以代议制的形式表达自己的利益，大数据就可以直接传递地方的利益诉求。第二，代议制的碎片化和数据的整体性、垄断性相冲突。相比而言，民主集中制是先天性的为大数据时代和人工智能时代设计的政治体制。民主集中制与大数据的整体性和垄断性是高度吻合的。

三　解释中国的民主模式

中国的民主模式有其特定的历史文化传统。中国无法照搬美国的民主模式。这是因为，代议制民主、多数民主、否决型政体与中国的历史文化并不契合。相反，社会主义民主在中国有着独特的历史传统土壤。

社会主义民主对应的中国文化传统是民本主义，也因此，社会主义民主也可以被称为民本主义民主。民主集中制对应的是大一统：大一统构成了民主集中制的历史基础，大一统的现代政治表述就是民主集中制。集中制意味着思想文化、政治的统一性，在集中制前面加上民主，就是民主型的大一统。政治过程的协商共识来自协商政治传统。在传统中国政治过程中，早朝就是议政的场所，学校就是培训议政的场所，乡村也有着家族议政的习俗。这些都是中国根深蒂固的、持久的传统，到今天演变为民主集中制。可治理的民主对应的是中国的知识传统、致治传统、使国家得到治理的传统。在先秦时期，无论是管仲治齐还是商鞅变法，都使国家得到了有效治理。

因此，中国民主的价值模式、实践模式等关键词，都可以基于历史政治学得出较好的解释。历史政治学强调对重大现实问题、重大理论问题的历史渊源和历史轨迹的考察。在这个过程中，历史本体论是关键性的关键词，所谓历史本体论研究的就是历史是什么属性的。有了历史政治学以后，我们可以看到，政治学科与现实政治之间联系起来了。在历史政治学之前，无论是民国时期流行的制度主义政治学（制度主义政治学核心讲的是代议制政府是最好的），还是改革开放以后引进的美国政治学（以理性选择主义为创发，强调个人权利的最高表述，附上了历史终结论，即代议制民主是最终最好的政治制度），都无法有效地解释民主集中制、协商政治、社会主义民主、民本主义民主。因此，从历史政治学的角度，可以对中国的民主模式给出较好的解释。

人民民主高质量发展的社会基础

张明军*

一 民主的实质与类型

顾名思义，人民民主就是人民当家作主，这是最通俗、最简洁、最明确的解释。人民民主实质上主要体现为"对多数人意志的尊重"，这是一个核心的问题。所以在实施人民民主的过程中，是否体现多数人的意志是一个关键问题，也是一个中心问题。在厘清人民民主实质的基础上，可根据以下四个维度对民主进行分类。

从国家制度的维度可以划分为国体民主和政体民主。国体民主所要解决的是谁享受民主的问题？展示为不同的阶级在国家中的地位。比如，我国的国体是人民民主专政，说明我国的一切权力属于人民，享受民主的只能是人民。而人民是一个历史范畴，在不同的历史时期有着不同的内容。比如，在新中国成立初期，人民主要包括工人阶级、农民阶级、小资产阶级和民族资产阶级，这说明在新中国成立初期，只有上述阶级享受民主，非上述阶级就不能享受民主。政体民主所要解决的是如何享受民主的问题，主要呈现为以何种体制让人民享受民主。比如，人民代表大会制度是我国的政体，也是我国的根本政治制度，我国人民就是通过人民代表大会来享受民主的，人民代表大会制度是实现我国全过程人民民主的重要制度载体。

除从国家制度的维度划分外，从民主的形态维度可以划分为直接民主和间接民主。从民主的内容维度可以划分为选举民主和决策民主。从民主的功

---

* 张明军，华东政法大学原副校长、教授。

能维度可以划分为协商民主和票决民主。就民主类型来说，中国式民主从功能上划分最具特色和优势。中国是协商民主与票决民主的有机结合，特别是协商民主展示了中国特色社会主义全过程人民民主最大的绩效和特点。

二 评判人民民主质量的标准

民主的质量有高低之分，判断民主的质量主要看民主的绩效。民主的绩效由两个因素决定：一是享受民主的主体范围和活动方式（模式），二是支撑民主模式有效运行的社会基础。一般而言，享受民主的主体范围越广越好，享受民主的活动方式越丰富越好，将主体范围和活动方式结合起来称为模式。这样就出现一个问题：将享受民主的主体范围和活动方式结合起来是否就一定会产生良好绩效？这取决于第二个因素：支撑民主模式有效运行的社会基础。同样的民主模式，在不同的环境条件下之所以会产生不同的民主绩效，原因在于是否具有支撑民主政体有效运转的社会基础。以西方民主模式实践为例，同样的民主体制在不同的国家会有不同的绩效，伊拉克的民主绩效就非常低，德国的民主绩效就比较好，究其原因是即使有相同的民主模式，但社会基础的不同会产生不同的民主绩效。

如果将享受民主的主体范围与活动方式作为不变的常量，那么，支撑民主政体有效运转的社会基础就是变量。变量资源的丰富与深厚程度，直接决定着民主绩效的优劣。罗伯特·帕特南通过对意大利进行个案考察时发现实施同样的民主制度，意大利北部的民主绩效就比意大利南部的高，在《使民主运转起来》中，他认为这种现象的原因是社会资本（基础）不同，意大利北部的社会资本（基础）更加深厚。罗伯特·帕特南从实证的角度证明，如果将民主的主体范围与活动方式作为一个不变的常量，社会基础（资本）的好坏将直接决定民主绩效的优劣程度。同样，如果将社会基础作为不变的常量，那么改变民主的主体范围及活动方式就是变量。只有两者具有高度的契合，才能产生优质的民主绩效。

从经验的视角分析，第一种因素具有人类追求的共同价值。因为任何一个国家的民众都希望享受民主的主体更加广泛，希望人民当家作主的形式更加直接。中国特色社会主义民主追求的是高质量人民民主，但人民民主高质量的发展和实现需要一定的社会基础支撑。在中国人民民主高质量发展过程中，人民民主的活动具有全过程、全方位、更直接的诉求。如果将享受民主的主体范围和活动方式作为一个不变的常量，那么中国实现更高质量的民主，就必须去改变、优化和完善作为变量的社会基础问题。

三 支撑人民民主高质量发展的社会基础构成要素

如果社会基础是一个变量，想要通过优化社会基础来提高民主质量，首先要明确社会基础的构成要素。

一是社会的民主权利意识。即在一个社会中，民众有没有民主的自主意识？知不知道应该享受哪些民主？民主的内容有哪些？如果民众有民主自主意识，就能够积极参与民主的政治活动。但是如果没有民主自主意识，民众就会没有参与的动力和积极性，就不利于民主的发展。所以一个社会的民主权利意识极其重要。

二是社会的民主规则理念，民主规则理念主要体现为对自由的尊重和严格的程序。实现民主的价值是以不侵犯公民的自由为前提，即一个人的自由不能由民主来决定。比如宪法规定年满十八周岁的中华人民共和国公民具有集会、结社、言论自由等权利，那么就不能通过民主活动剥夺某位公民的自由权利。所以民主首先体现的是对自由的尊重，它也是民主规则最核心的一个理念。在对自由尊重的基础上，民主有严格的程序。严格的民主程序主要体现为民主活动的秩序和步骤。从世界各国民主运作的实践结果来看，产生民主崩溃的国家大部分是由于缺少了民主的理念、规则。中国也曾出现这种现象，在南京临时政府成立之后，袁世凯和宋教仁所领导的国民党进行竞争，国会两院选举结束后国民党取得大胜，按照民主程序，宋教仁理应进京组阁，但袁世凯却对宋教仁实施了暗杀，这就是对民主规则最大的破坏，它导致整个中国民主进程中断。对民主规则的尊重，按照程序进行是民主运转的一个重要因素，也是中国长期以来未能解决好的一个问题。所以今天中国强调法治国家、法治政府、法治社会一体化建设，很大程度上就是要培育社会的民主规则理念。

三是社会的民主组织主体，即科学高效的民主行为组织架构。民主运行需要在一定的组织主导下完成，民主的组织者对民主活动设计的科学性和有效性具有重要影响，对民主的绩效也有至关重要的作用。在基层人大代表选举过程中，最基层的选举工作领导小组就可以视为民主的组织主体，他们的民主知识和经验对基层民主绩效有重要影响。一个更具体的例子，在人大代表选举过程中，预备候选人确定为正式候选人就受组织主体的能力影响。《选举法》规定选举工作领导小组在广泛征求大多数选民意见的基础上，根据较多选民的意见，确定正式候选人。而广泛征求选民意见就需要组织主体有丰富的民主知识和经验。反之，在操作过程中就难以体现选民的意志。

四是社会的民主技能运用。在民主实施的过程中，民主技能具有重要作用，它体现在多个方面。中国式民主既是一种全过程民主，也是一种复合式民主。两者的前后次序不同亦会导致不同的结果。中国的协商民主与票决民主的复合是比较成功的形态。中国采取的是协商在前，票决及时跟进的方法，这种复合的民主形式，在很大程度上解决了民主实施过程中的阻力问题。因为协商民主主要解决大家的意见分歧，有利于实现思想的统一。通过协商提前解决民主行使主体的意见分歧，使主体的思想能够达成共识。在达成共识的基础之上，票决及时跟进，实现民主决策程序的合法化，达到预期结果。协商在前，票决及时跟进的方法不仅在民主环节中具有价值，在决策的执行中也有重要作用。因为协商在前，提前解决意见分歧，形成最大多数共识，在票决通过后，政策执行阶段减损了障碍和阻力，使公共政策在执行的过程中得到顺利推进，并取得良好效果。

五是社会的民主技术平台。科学技术平台在民主的运用上具有两面性，对年轻人来说，新技术帮助他们更加便捷地行使民主权利，但对部分中老年群体，新技术反而成为他们行使民主权利的障碍。所以在开发和利用数字技术搭建公众号、小程序、网站等民主参与平台的同时，也要兼顾部分中老年群体的技术使用水平，既让年轻人愿意使用，也让中老年群体容易操作，建设一个老少皆宜、有利于感悟民主内涵、便捷操作的技术平台。

民主的政治学叙事与民主的中国道路

苏长和*

民主是社会科学，特别是政治学中的一个关键概念，也是世界外交话语中的一个关键概念。在一定意义上，民主问题对中国学术界来说是一个坎，而中国要构建独立的政治学知识体系，民主理论这个坎必须要迈过去。在讲述之前，请大家思考一个问题：如果马克思还活着并去考察美国的政治制度，他会认为美国的政治制度是民主的吗？大部分人会说不会，但为什么现实中人们一听到民主这个概念，就下意识认为美国就是民主政治的代表呢？这与长期以来西方政治学的民主政治叙事有关。

一　反思英美的民主理论

英美的政治学理论有着自己的民主政治叙事体系，从古希腊、罗马，到启蒙运动和资产阶级革命时期，到 20 世纪的英国和美国，再到世界模仿学习西方的国家制度，这段历史有时候也被视为几波"民主化"浪潮。特别是在 20 世纪，英美学界对民主概念进行了改造，形成了一些民主政治的评价标准，例如三权分立，一人一票，多个政党、议会等，只要一个国家的政治制度形式符合这些标准，就能被称为民主国家。西方民主政治叙事通过法学、政治学的教育和传播，对世界产生很大影响，使人们心中形成了一个民主的判断——只要符合上述标准就是对的，不符合就是与潮流格格不入。

但是这样的民主就是真正的民主吗，或者说这就是民主政治的唯一模式

---

* 苏长和，复旦大学国际关系与公共事务学院执行院长、教授。

吗？在国际关系中，有的国家实施霸权和专制行为却号称是民主国家，但我们知道一个真正民主国家的外交是不会实施对外霸权和专制性干涉的。针对此现象，我们需要对一度流行的英美特色的政治学的民主理论进行反思性、批判性考察。

如果我们不以"民主"来定义英美政治制度，仅就其制度体系和安排本身来看，西方国家的制度运行属于对抗式制度体系，具有多党制，两党寡头政治，行政、司法、立法的分权制衡和利益集团政治等特征。对抗式制度体系走向极端就是相互否决的制度体系，在很多号称民主的国家内部政治生活中就可以看到相互否决的政治现象。对抗式制度体系或相互否决的制度体系不能被认为是民主制度，就像在国际关系中不可以把国际均势制衡体系称作民主体系一样。但在过去的英美教科书上说对抗式制度体系就是民主。

英美投入了大量研究基金，在世界上传播这套理论。考察当今世界的政治生态，这套理论对他们自己以及世界的政治发展和实践都产生了很大的误导作用。认为民主本质上就是对抗式制度体系，这一理论导致了很多地区的政治实践走向歧途，很多国家以为设立议会，搞三权分立，成立很多政党，就能够成为民主国家了，但事实上他们离民主政治的本义还相差甚远。

考察20世纪整个世界政治历史，这种民主观虽然不至于对整个世界政治发展起误导作用，但至少有很多政治教训是值得人们反思的，目前学界对这种民主观的反思还较少。在21世纪的世界政治中，我们目睹了很多治理赤字问题，包括国家治理和全球治理赤字，这其实都与对抗式制度体系以及它的全球扩张有关。中国台湾和印度如今出现的民主问题正是实行对抗式制度体系的结果。在这次全球抗疫中，很多国家的政治生态也暴露了一些对抗式制度体系的极端弱点。

但遗憾的是，西方学术界对这一重大理论问题缺少反思，《经济学家》杂志封面文章说"民主的衰落"，但这其实是在偷换概念，民主没有衰落而是对抗式制度体系正在走向衰落。西方主流政治学学者难以对此作出反思，但中国学者作为局外和旁观者，更能够对此提供一些反思性、进步性的政治知识。

二 中国的民主政治新叙事：以全人类共同价值的民主来展开

民主是个坎，但中国的民主政治发展实践已经跨过这个坎，而中国学术界尚未完全跨过。如果我们遵循西方的民主政治叙事，就很容易刻舟求剑、胶柱鼓瑟，甚至误导自己探索适合中国的民主政治发展道路。当然在西方长期的民主政治叙事及思维下，我们思考政治发展时难免会出现政治心结——什么时候才能像他们一样。克服政治心结需要政治自觉和学术自觉，以及对自己政治发展道路的独立思考，而不是亦步亦趋，在别人的承认中获得政治存在感。我们也要确立自己的民主政治机制，并思考真正的民主政治是什么。

中国民主政治的新叙事以全人类共同价值的民主来展开，这与西方政治学中关于民主化的叙事完全不同。在西方政治学中，几次所谓的民主化浪潮都是按照西方的民主政治标准以及其他国家是否符合西方对抗式制度体系来衡量的。在这种民主化叙事中，我们看不到社会主义和民族解放运动，也看不到中国民主道路的理论与实践，实际上中国更被视作一个非民主国家或者还没有向西方政治转型的国家。在西方的民主化叙事中，我们也看不到国际关系的民主化，有时他们甚至将某国的对外干涉和专制行为描述为促进世界民主的成就。

中国政治学应当从人民追求解放的历史着手，对作为全人类共同价值的民主展开叙事。这个民主化的叙事线索应该是这样的：早期各个文明和民族朴素的民主思想（不仅仅是希腊，东方的民本也是），马克思主义政治学中的民主、民族解放摆脱殖民体系奴役和压迫，东西方在民主问题探索上的教训（包括西式民主走到对抗式制度体系的死胡同，也包括社会主义国家追求民主进程中的教训），当代中国在民主政治发展上的贡献，以及在国际关系中中国和其他国家共同推动共商共建共享的国际关系民主化浪潮。

三 克服心结：探索中国的民主政治道路

民主的本义是人民民主，即国家政权是全体人民的而不是少数人的。人民是一个整体概念，它像国家主权一样具有不可分割性。但在代议制、多党制和利益集团政治中，人民被分割成一块一块的。民主政治的含义或者一些基本标准应该包括执政者和人民在一起，依宪依法执政，践行全体人民为中心的理念；国家领导层依法有序更替；政治制度体系不应该按照分权制衡被分割，而应该依据合作协商原则保证和服务全体人民共同权益；人民通过公平竞争原则进入政府机关参与有关事务管理；民主是全过程的，票决和协商、民主和集中结合在一起，才能有助于全过程民主。民主的国家不应该对外干涉、侵略他国损害他国人民的自由，国际事务应遵循共商共建共享原则，坚持多边主义，坚持开放包容，坚持互利合作，坚持与时俱进，致力于推动国际秩序朝着更加公正民主的方向发展。

习近平总书记在庆祝全国人民代表大会成立六十周年和在中央人大工作会议上的讲话都谈到了民主政治，强调坚持和完善人民代表大会制度，不断发展全过程人民民主。习近平总书记提出的评价国家政治制度的"八个能否"对我们理解真正的民主有重要帮助：国家领导层能否依法有序更替；全体人民能否依法管理国家事务和社会事务、管理经济和文化事业；人民群众能否畅通表达利益要求；社会各方面能否有效参与国家政治生活；国家决策能否实现科学化、民主化；各方面人才能否通过公平竞争进入国家领导和管理体系；执政党能否依照宪法法律规定实现对国家事务的领导；权力运用能否得到有效制约和监督。

上述民主政治的标准在当代中国民主政治话语中就是党的领导的集中性，人民当家作主的积极性和依法治国的有效性的有机统一，党章里说"立党为公，执政为民"，体现了中国共产党来自人民（From the People）、扎根人民（In the People）、服务人民（For the People）的理念，这一套民主政治制度体系体现到中国国家治理的绩效以及和平发展的对外关系上，就是中国式现代化新道路中的民主政治道路含义。

　　中国学界应该有自己的政治定力和学术创新力，走自己的民主政治道路，将中国的民主政治道路放到新的民主政治叙事中，将全人类共同价值中的民主与英美特色政治学中所谓普遍价值的"民主"区别开来，用学理的语言讲好新时代的中国民主政治故事，真正做到政治自信和民主自信。中国的民主政治制度转化为概念化的中国政治学知识体系就是中国政治学理论体系真正独立的标志，也是中国政治学对世界政治文明进步的贡献所在。

比较政治中的中国民主路径

孟天广[*]

一 比较政治中的民主路径：程序性民主与实质性民主

民主研究在比较政治学领域中始终居于核心地位，不同制度和文化之间对"什么是好的民主""如何实现民主地统治或治理"等基本问题的理解存在广泛争议。民主理论大师罗伯特·达尔也承认民主是"一个本质上有争议性的概念"，这是人类必须要面对的事实。

（一）程序性民主的发展及影响

在日常使用中，民主既可以指一种理想，也可以代称与这种理想相关的、各种各样的实践形式，而在理论话语中可以梳理出两条实现民主价值的关键路径——程序性民主和实质性（目的性）民主。这两种路径从起源上便存在分歧，在近代以来形成了不同的实践类型学，在民主建构方式、民主价值追求等基本问题上存在较大区别，比如程序性民主的代表人物熊彼特曾提出，所谓"人民"这样的事物并不存在，人民只在授信的那一刻存在，即人民只需投票产生权威，之后的统治则交给精英，所以熊彼特认为只要存在自由、公正、普遍选举的制度，这就是民主，至于选出的官员是否为人民服务，是否对选民负责，应是第二维的事情。但卢梭则认为，权威来源于人民，主权在民，故权威的使用目的只能是增加人民福祉，这很好地展现了实质性民主与程序性民主的分歧。

---

* 孟天广，清华大学社会科学学院副院长、政治学系长聘副教授。

目前，程序性民主在欧美国家大行其道，大多数欧美国家遵循程序性民主路径。这种传统起源于近代以社会契约论建国之时。洛克发展了霍布斯的社会契约论，提出人民让渡自己的一部分权利"依约建国"，让国家维持社会秩序、保护产权，政府具有实行合法统治的独立性。此后，威尔逊进一步压缩了民主的价值，他认为民主只是国家意志的形成，而行政部分，即国家意志的执行，则与人民关系不大。及至熊彼特，他更系统地理论化了程序性民主，即"人民只有接受或拒绝统治者的机会"，被选举出的代表（精英们）有其知识、能力、经验优势，可以不受选民约束来决策。至此，我们不禁要疑惑，如果仅以具备竞争性选举，存在权力分割或制衡作为民主标准，那么竞争性威权政体也算民主政体吗？

（二）实质性民主的发展及影响

另一种民主实现形式是实质性民主，古希腊的雅典就采取这种民主路径，雅典公民可以直接或通过抽签来出任城邦公共职务，这也是一种公民技能训练、公民美德习得的过程。此后，卢梭对实质性民主发展做出了很大贡献，他认为人民主权是不可让渡的、不可分割的，民主的本质就是公权力的行使要为人民意志服务，其目标是增加人民福祉，而不是仅仅选举一个代理人。卢梭的思想影响了德国启蒙思想家，乃至影响了马克思对社会主义民主制度的思考，即议行合一而不是权力分割。我国亦是照此设计民主制度，毛泽东就十分强调中国的民主要为人民服务，体现政府执政为民的思想。

实质性民主在当代政治学研究中备受关注，特别是20世纪80年代以来，政治学界（尤其是政治科学领域）开始关心如何评价民主的质量，由此提出了"政府回应性"这一概念。在评价民主运行质量时，政府回应性被视为重要的衡量指标，它是指政府对公众的诉求或民意是否有制度化、持续性的回应。达尔曾提出，民主国家的一个重要特征就是政府不断地对公民选择做出响应，他在最后一本著作《论政治平等》中进一步论证了政府回应性之于政治发展的重要性，他的政治平等就是建立在政府平等地回应不同群体诉求或偏好这一基础之上的。因此，任何民主政体都应该有政府回应性，其起源就在于民主理论的基本共识——人民主权。这不仅存在于规范意义中，也存于实证意义之上，当代主流民主理论，譬如参与式民主、多元民主、审议民主等，都强调公民应该对国家决策有或多或少的直接影响，中国特色全过程人民民主更是要构建"广泛的、真实的、管用的民主"。

二　中国民主路径：政府回应性

政府回应性的基本问题可以理解为公民意见能否以及如何影响政府作为。依据这一逻辑可以发现，中国强调"以人民为中心"本质上即是实质性民主，因此政府治理追求高水平、高质量、制度性的政府回应性。近十年来，政府回应性成为比较政治研究的热点问题，诸多关心中国政治的学者投身其中且成果丰硕，在中国政府回应性的制度特征及其解释逻辑上形成若干原创性理论，是本土经验影响国际学术界的重要领域。

（一）政府回应性的政治逻辑

从相关研究中可以看出，中国不论是中央还是地方政府，对民意诉求、民意偏好都有比较高水平的回应性。在解释这种现象时，我们发现了三种重要机制：第一，中国拥有广泛而多元的参与渠道。人民可以通过网络问政、接诉即办、协商民主等各种渠道向政府直接表达诉求，政府也主动在网络上征集，甚至利用大规模调查来采集民意，因为充分收集信息是政府决策的必要条件。第二，中国已经建立了广泛的回应性制度，从特别正式的如人大代表制度、协商民主制度、立法意见征集等，再到非正式的如网络舆论、群众路线等，群众路线在数字时代已有许多新实践形式。第三，官员考核的激励制度使地方官员有意愿吸纳民意，民意不仅帮助政府科学决策，产生良好绩效，而且有助于进行精准监督和考核。

（二）政府回应性的三个层次

从理论上而言，政府回应性应分为三个层次：第一个层次是个体回应性，即政府及其职能部门对个体诉求/参与的回应，这是每个公民生活中最有可能接触到的政府回应，其实践形式包括网络问政、热线问政、接诉即办等。第二个层次是政策回应性，即基于民意偏好制定或调整政策，这属于中观层面的回应，主要考察政府在制定或调整政策的时候是否考虑了民意。第三个层次是体制回应性，即政体在规则制定层次对加总民意的吸纳和响应，属于宏观层面的回应，尤其在立法层次上如何吸纳和响应民意。

其一，个体回应性。北京市 2018 年推进的"接诉即办"城市治理改革就是典型的促进个体回应性的改革，其特点就是由市民诉求驱动，通过拓宽市民诉求表达渠道提升政府回应水平。北京市自 2017 年开始自下而上地探索"乡镇吹哨、部门报到"改革，遵循改革试点的逻辑，北京市在次年进行了为期一年的试点改革，抽取了 169 个街道乡镇作为试点。一年后经过评估决定在全市范围推广改革，并于 2020 年启动立法进程，于 2021 年颁布了《北京市接诉即办工作条例》。本次改革采取试点推广模式，这为我们研究市民诉求如何驱动城市治理提供了自然实验机遇，我们采取自然实验设计将改革试点与未改革的街道乡镇进行比较，采集了试点前一年和当年的所有街乡镇数据，包括来电诉求数据、政府回应绩效和回访评价数据。

通过双重差分分析研究发现：首先，改革试点显著提升了政府回应质量，政府回应时长明显缩短，回应效率明显提高，这在全市都很普遍；其次，改革效力呈现出一定的异质性，改革试点对市级部门或市级下派的干部影响更大，这种现象与官员考核激励有关，高阶政府对民意吸纳更为关切，反应更为活跃。总之，"接诉即办"推进个体回应性的机制包括三点：一是在科层组织内部，实现围绕市民诉求、重塑回应流程，它通过梳理市民诉求提升回应流程的优化和效率；二是在政民互动关系上，通过感知汇聚民意，帮助政府实现从被动回应到主动回应的转变，精准识别公共服务需求；三是在考核激励机制上，通过办理和回访数据分析，依赖高频数据量化回应过程，激发回应动力。

其二，政策回应性。针对政策回应性，关键是考察政府决策时多大程度上吸纳民意，特别是现阶段互联网兴盛如何影响政府决策。目前从理论上存在竞争性解释。一种是强调"技术赋权"观点，这种观点认为互联网能赋权社会公众增加参与活力，进而帮助政府更好地吸纳民意。另一种解释则强调"数字鸿沟"，认为不同群体使用或接入互联网的水平差异较大，不同群体利用互联网影响政府的机会和能力不一样，因此政府在数字时代的回应性是不平衡的，优势群体比弱势群体获得更多响应。根据"互联网的再分配效应"理论，互联网参与实际上提升了政府对弱势群体的回应性，进而破解"政治生活"的数字鸿沟。首先是因为互联网参与渠道主要由低收入或边缘群体使用；其次，互联网参与为传统民主制度中的弱政治影响群体"赋权"，提升弱势群体的音量；最后，在传统民主渠道和互联网渠道并存的制度下，互联网实质上发挥着均等化政治影响力的效应，即传统民主渠道对现实生活中的"优势群体"更为有利，而互联网渠道可以补偿"弱势群体"，进而使他们发挥作用的影响力均等化乃至趋同。

图1反映了经济地位与选择参与渠道的关系。其中，实线表示传统参与渠道，其主要用户是优势群体，而虚线代表网络参与渠道，其选择偏向弱势群体。图2是基于200多万网络问政的大数据制作的参与主体对比图。根据此图可知，互联网参与主要聚集在农民、灵活就业人员、学生和工人群体，其主要诉求为社会保护和社会福利，而优势群体，如商人、管理人员和体制内人员，其使用互联网表达诉求的概率很低。进一步通过对政策优先性、地

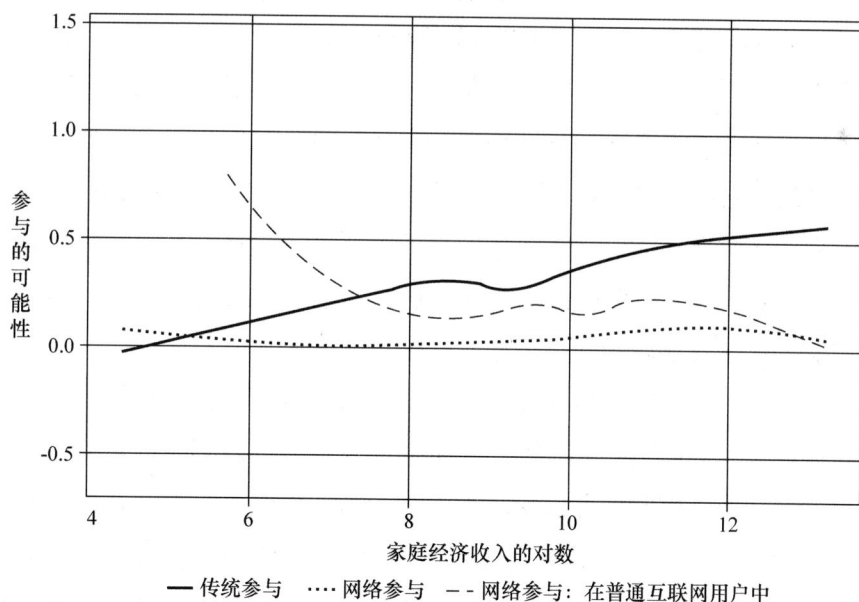

图1　经济地位与选择参与渠道的关系

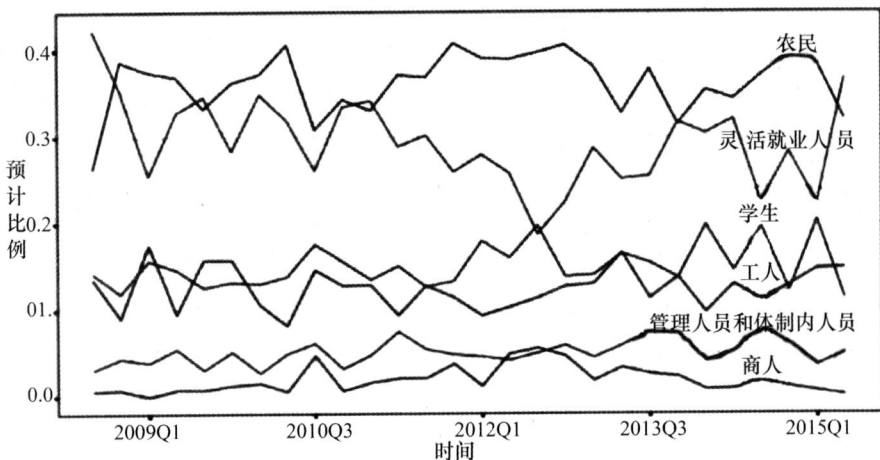

图 2　网络问政的参与主体比较

方财政开支和地方立法的研究表明，一个城市的互联网参与越活跃，城市政府对再分配政策的优先性就越明显，在社会福利和社会保护领域的开支和地方性立法就越多。

其三，体制回应性。为了推进立法过程的人民民主，我国《立法法》明确要求立法意见征集程序，这为研究体制回应性提供了制度基础。通过全面采集国家立法的征求意见稿和最终稿，并且采用文本分析的方法测量征求意见稿和最终稿之间的修改幅度，来考察立法意见征集对国家立法的影响程度。研究发现，立法意见征集制度显著提升了民意表达对立法文件的修订和搁置的影响，保障了立法制度的民主质量，这种影响主要通过两个机制即中央—地方利益关系以及横向部门间利益关系来实现。

综上所述，中国民主制度将程序性民主和实质性民主有机结合，以程序性民主保障实质性民主，进而促进实质性民主走向全过程人民民主。比较政治研究发现，中国政府具有持续的、高水平的回应性，这源于我国拥有广泛而多元的参与渠道、发挥网络与数字技术的"赋权效应"、构建多样化回应制度，以及通过官员考核形成政府回应的政治激励，实现了个体、政策和体制三个层次的政府回应性。

前沿专题

中国特色社会主义的新型政治民主诉求

严　强[*]　胡　玥^{**}

---

　　* 严强，南京大学教授，澳门科技大学特聘教授，博士生导师；中国公共政策学会常务理事，江苏省行政学会副会长，南京市邓小平理论研究会副会长，江苏省政策研究室特聘研究员。主要从事公共行政学、公共政策学和政治学理论研究。主持完成国家教育部重大招标课题"加强和改进社会管理"、澳门基金会项目"澳门回归后对外关系研究"，主持完成江苏省哲学社会科学基金项目 5 项。出版《马克思主义哲学的历史与现状·列宁主义哲学》《社会历史理论》《社会发展理论》《现代政治理论》《政治学基础》《宏观政治学》《微观政治学》《政治学研究方法》《公共行政学》《公共政策学》《东亚公共行政比较研究》《国家治理与政策选择》《治理现代化与政策分析》等学术专著和教材 15 部；在《文史哲》《人民论坛》《南京大学学报》《江海学刊》《南京社会科学》等刊物上发表学术论文 90 余篇；获得全国"五个一工程奖" 1 次，江苏省哲学社会科学优秀成果二等奖 4 次，三等奖 4 次。

　　** 胡玥，南京大学中国社会科学研究评价中心副研究馆员，南京大学政府管理学院博士生。主要从事公共行政学、公共政策学研究。在《江海学刊》《学海》《东岳论丛》等刊物上发表学术论文十余篇。

◎ 内 容 摘 要

摘要：在 GDP 总量跃居全球第二位、人民由站起来到富起来的背景下，围绕"民主是个好东西"出现思考和争论并非偶然。它反映了通过实现国家治理现代化满足人民对美好生活向往中蕴藏的对政治民主的强烈企盼和诉求。我们不能因为政治民主的美国模式先天存在欠缺并且近来因遭到政客滥用走向衰败而对政治民主加以质疑。在新时代中国特色社会主义发展中，要建构和完善的是与西方民主模式相区别的，符合中国实际的、与中国式社会主义现代化相适应的全过程协商性人民民主。

关键词：美好生活向往；国家治理现代化；全过程人民民主；协商民主

◎ 结 构 摘 要

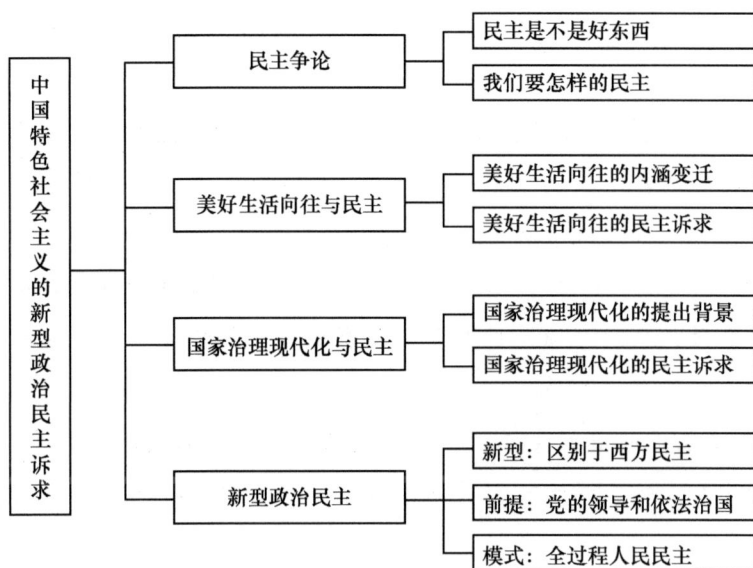

中国特色社会主义的新型政治民主诉求
- 民主争论
  - 民主是不是好东西
  - 我们要怎样的民主
- 美好生活向往与民主
  - 美好生活向往的内涵变迁
  - 美好生活向往的民主诉求
- 国家治理现代化与民主
  - 国家治理现代化的提出背景
  - 国家治理现代化的民主诉求
- 新型政治民主
  - 新型：区别于西方民主
  - 前提：党的领导和依法治国
  - 模式：全过程人民民主

◎ 观点摘要

1. 在人民站起来，又富起来以后，他们又开始了新的对民主的追求和对美好生活的向往。

2. 在经济体制改革获得较大进展后，在社会体制改革和社会治理发生变化的条件下，更为深入的政治体制改革必须跟上，政治民主建设已经成为五位一体协同治理中处在关键部位的议题。

3. 民众向往的美好生活中所包含的经济富裕是好东西、社会和谐是好东西、文化繁荣是好东西、生态平衡是好东西，还有更为重要的、绝大多数民众强烈企盼的政治民主这个好东西。

4. 人民向往的高层次的美好生活，既需要发展民主，也需要改善民生，民主和民生犹如两个相互咬合的齿轮，共同加力才能加速中国特色社会主义的发展。

5. 中国共产党一直致力于探索和开创国家现代化建设的中国式的有效路径和战略。这种探索的轨迹呈现出两个明显的提升，一个提升是从具体领域现代化上升到国家整体层面的现代化；另一个提升是从国家管理现代化上升到国家治理现代化。

6. 新时代人民对美好生活的向往是高层次的，它包含着对政治民主这一好的价值原则和好的制度设计及其操作机制的追求。

7. 新时代中国特色社会主义的发展，要求以实现国家治理现代化来满足人民对更高层次美好生活的向往，其中客观上所包含的、主观上所期盼的政治民主，应该是符合中国实际的社会主义新型政治民主。

8. 能够有效回应提升国家治理现代化水平、满足人民对高层次美好生活向往过程中包含的政治民主诉求的新型全过程人民民主，应该是范围最广泛的政治民主，它具有全领域全层次全方位、全环节全链条的立体化政治民主的特征。

一　围绕"民主是个好东西"产生的反响和争论

2006年9月，时任中央编译局副局长的俞可平教授发表了《民主是个好东西》这篇文章，并上传至中国政府创新网。同年10月，由《北京日报》以《关于"民主是个好东西"的辨正》为题刊载出来。① 文章一发表，无论是读过全文的人，还是只读过文章标题的人，甚至没有亲自读过而只是听别人谈起这篇文章的人，都在谈论一句话："民主是个好东西。"正是这篇文章，更确切地说，是文章作为标题的一句话立即引起了广泛的社会反响，也引发了随后广泛的争论。尤其是后续的争论，非常值得我们深入分析。

争论之一是：民主究竟是不是好东西？或者说我们要不要民主这个东西？一些人不赞同这篇文章，不同意民主是好东西的说法。他们认为什么是民主、什么不是民主说不清，民主容易引发争吵，导致社会分裂。一句话，民主并不是好东西。我们现在坚持的是以经济建设为中心，人民要的不是民主而是民生。另一些人的看法则正相反。这一派的人认为，民主是我们需要的，是好东西。以经济建设为中心的路线，已经走了近半个世纪，经济是搞上去了，但社会却不公平了，现在该讲公平了、该讲民主了。而且，民主也并不复杂，就是人民当家作主。在当今世界，没有人会公开说不要民主。因此，民主肯定是好东西，中国要成为现代化强国必须要建设和发展政治民主。

争论之二是：什么样的民主才是好东西？或者说我们要的是什么样的民主？也有不少人反对无条件地将民主都说成是好东西。总觉得西方民主充满虚假性。而且民主也不是民众随心所欲，否则，就不是搞民主，而是搞民粹主义、无政府主义。因此，不少人写文章对"民主是个好东西"进行质疑，

---

① 俞可平：《关于"民主是个好东西"的辨正》，《北京日报》2006年10月23日第18版。

认为应当区分"好民主与坏民主"、提出"民主是个有条件的好东西"。①

这篇文章为何引发巨大的社会反响？论争固然会引起反响，但除了上述的争论外，之所以产生广泛社会反响的一个重要原因是"好东西"引发了人们的兴趣。今后的中国有两件大事是人民特别关心的。一件是人民对美好生活的向往能否实现；另一件是国家治理现代化能否实现。这两件事又是相互联系的。只有实现国家治理现代化才能实现人民对美好生活的向往。

先说第一件事，人民对美好生活的向往。追求好东西是人类向往美好生活的标志，但在高度集中和以票证为标志的计划经济下，人们没有条件也习惯了不去自由地追求好东西。持续了近半个世纪的改革开放，让普通百姓有了争取和维护个体权益、自由地追求好东西的意识和动力。追求好东西反映出人们对美好生活的向往。就在《北京日报》发表《民主是个好东西》一文的 2006 年，中国 GDP 总量在世界排名中已经名列第三，仅次于日本。而到该报发表《再论民主是个好东西》一文的 2009 年，中国 GDP 总量，在世界排名中已经即将超过日本。正是在这种形势下，在人民站起来，又富起来以后，他们又开始了新的对民主的追求和对美好生活的向往。

虽然不同的个人追求的美好生活常常是千差万别的，具有较强的偶然性和多样性。但在一个阶段上、一个时期中，许多人、绝大多数民众都期盼和向往的是共同的美好生活。民众将民主作为好东西加以盼望和追求，这既是一个国家公民的正当权利和愿望，也反映着民众对真正美好生活的强烈向往。共产党之所以在中国诞生和发展，贫苦的工农大众之所以跟随共产党闹革命、搞建设、求发展，也正是为了翻身解放过上富裕和民主的生活。

总而言之，在经济体制改革获得较大进展后，在社会体制改革和社会治理发生变化的条件下，更为深入的政治体制改革必须跟上，政治民主建设已经成为五位一体协同治理中处在关键部位的议题。宪法重申和保护的国家的主人们正在追求的是以人民当家作主为基石的政治民主，是中国版本的新型政治民主，而非西方尤其是美国的民主模式。

---

① 漆畹生：《民主是个有条件的好东西》，上海社会科学院出版社 2017 年版，第 385—391 页。

二　美好生活向往对政治民主的诉求

十多年前围绕《民主是个好东西》一文引发的反响和论争也引导人们思考一个重要议题：人民追求好东西和向往美好生活并不是一帆风顺的，展现出来的是一个曲折的历程。在中华人民共和国成立前，当时压在人民头上的是三座大山。这时的工农大众向往的美好生活是推倒三座大山翻身解放。人民追求的好东西就是跟随共产党闹革命。中华人民共和国的成立为人民过上美好生活奠定了基础，但是对新的好东西的追求和对更高层次的美好生活的向往并不是一件容易的事。中华人民共和国成立后，民众对美好生活的向往和对好东西的追求几经挫折。

在医治了战争创伤、恢复社会正常运行的条件下，整个中国社会面临的是社会生产力落后和人民不断增长的物质文化需求之间的基本矛盾。只有解决好这一基本矛盾，人民才会得到"温饱"这类好东西。20世纪70年代末，以邓小平为核心的党的领导人确立了以经济建设为中心，以改革开放为基本点的社会主义初级阶段的基本路线。近半个多世纪的改革开放促进了中国社会的整体转型。在建立社会主义市场体制的基础上，社会生产力有了突飞猛进的发展，中国的综合国力得到史无前例的提升。

伴随中国特色社会主义进入新时代，社会的基本矛盾也转变为人民对美好生活的向往同不平衡不充分的发展之间的矛盾。这时人们向往的美好生活，已经是小康水平层次的美好生活，作为这种美好生活标志的好东西已经不再局限于解决温饱。绝大多数民众在希望有好的教育、好的住房、好的医疗、好的就业、好的养老的同时，还要有协商、参与、共识、共享、法治这类属于政治民主的好东西。

显然，在从温饱到小康，再到中等发达水平这三个不同发展阶段上，人民对美好生活向往的内涵是不同的。在全面小康和向中等发达国家迈进时，属于现代民众的美好生活是丰富的、总体的、多样的，体现为对经济、政治、社会、文化和生态多个方面好东西的追求。为满足人民对丰富、总体、多样的美好生活的向往，中国总体社会的改革、开放、体制转型也就必须有序地分领域分步骤推进。由此，总体社会改革和体制转型展示出了一个总的客观的逻辑过程。当然首先得有执政党政治路线和战略的守正和创新，在此前提下，总体社会改革最先获得突破的则是经济领域，建立了市场经济体制；接下来是社会领域的改革，努力建立和谐社会体制；与此同时推进的是文化领域的体制改革、生态环境领域的体制改革。这些领域的体制改革和创新，最终又回归到要求政治领域的体制改革，包括建立新形态的民主政治的价值原则、评价标准、制度载体和操作机制。

现在，中国总体社会格局与国家治理已经进入经济、社会、文化、政治和生态五大领域协同创新、共同治理发展的新时代。民众向往的美好生活中所包含的经济富裕是好东西、社会和谐是好东西、文化繁荣是好东西、生态平衡是好东西，还有更为重要的、绝大多数民众强烈企盼的政治民主这个好东西。

虽然政治民主作为一种制度设计和安排，只是人类生存发展中创立的许多制度中的一种，并且也不能替代其他的制度。但是，在五大领域中，政治领域的改革、民主政治建设始终发挥着核心的作用。在诸多好东西中，政治民主占据着核心的地位。

持续了近半个世纪的以经济建设为中心的社会转型，让不少人认识到总体社会大厦中，经济基础太重要了。但对于相当多的民众来说，容易产生认识上的思维定式：对美好生活的向往就是要保住民生这个好东西。他们认为民主不像住房、上学、看病、就业、养老那么实在，是多余的，只要解决民生就行了。

这种看法和见解是片面的。一个充满活力的国家，如同一列行驶的火车，要跑得快、行得稳，就需要更多坚实的轮子。民主和民生就是国家这列大火车上不可缺少的轮子。对于个人来说，民生与民主都是人们的幸福生活必需的。对于国家来说，发展民生和民主都是执政党和政府确定的奋斗目标，这两者是人民共和国腾飞的两翼。

人民向往的高层次的美好生活，既需要发展民主，也需要改善民生，民主和民生犹如两个相互咬合的齿轮，共同加力才能加速中国特色社会主义的发展。正确的做法应该是以民生促民主，以民主保民生。决不能把两者对立起来，既不能以民生代替民主，也不能以民主代替民生。①

从国家建设现代化的角度来看，民主与民生两者处于不同的领域，民主是尊重和保护人民当家作主的地位，保障和促进的是人民的政治权益，民生则是保障和促进人民的经济权益。我们不仅要努力改善民生，即需要通过建立和健全市场经济体制发展经济、增加财富，改善人民的物质生活，让普通民众住有所居、学有所教、老有所养、病有所医、劳有所得。我们更要努力促进和发展政治民主，即坚持让人民当家作主、扩大公民有序参与、民主决策，协商共治、消除官员的腐败，维护社会公正稳定。因此，要建设一个富强、民主、文明、和谐的社会主义现代化强国，必然既要包含经济民生又要包含政治民主。重视经济民生，轻视政治民主，甚至忘记和否定政治民主，在治国理政上都会产生偏向，甚至可能会犯历史性的错误。

三　国家治理现代化对政治民主的诉求

与人民对美好生活向往相联系的是国家治理现代化。正是国家主导着对人民美好生活向往的满足。马克思和恩格斯始终认为，人类发展的最高境界是形成"自由人联合体"②，人民自己管理自己。在那种理想的状态下，国家已经送进了博物馆，和青铜器摆在一起。但人类当下的发展还没有达到这一步，正处在以国家为中心向以社会为中心的过渡之中。③

在今天，让人民拥有好东西，从而满足对美好生活的向往这一重担和责任仍然要由代表人民的执政党和由执政党领导的国家、政府来承担和履行。现今，世界上的主权国家和地区有90多个，政党就更多。但是，能够担当执政重任并让领导的国家、政府能够向人民提供需要的好东西、满足人民对美好生活向往的执政党和国家并不多。相当多的政党和国家在这方面之所以失败，根本原因是没有采取和实施正确的现代化战略。

---

① 俞可平：《民主亟待厘清的六个关系》，《半月谈》（内部版）2009 年第 4 期。
② 《马克思恩格斯选集》第 2 卷，人民出版社 2012 年版，第 126 页。
③ 吴海江、徐伟轩：《马克思恩格斯"自由人的联合体"思想及其当代意义》，《东南学术》2018 年第 5 期。

　　人类的历史进程是从蒙昧、野蛮走向文明的。进入文明阶段以后，不同国家和地区虽然历史进程和发达程度不一样，但总体的趋势无一例外都是从落后的传统走向现代文明。从横向的国家比较和纵向的历史比较来看，凡是能够取得执政成效并让国家有序稳定发展的政党和国家都采取了现代化战略。虽然有关传统和现代的区别和联系的讨论一直困扰着人们，但是，一个不争的事实是：凡是积极采取现代化战略、努力建设现代化国家的政党、民族和国家，就能够形成良好的社会秩序、保持社会的稳定、及时有效地化解各种风险，从而就能为民众提供更多的好东西，并由此满足人民对美好生活的向往。

　　中华文明是全世界唯一的一个发源时间早、持续时间长、中间从未间断过的伟大文明。但是在近代，由于西方列强的欺凌与掠夺，由于封建买办的保守专制，中华文明落伍了。因此，破解人类社会发展的诸多难题，摒弃西方以资本为中心的现代化老路，探索社会主义的、符合中国实际的、跨越式的、中国式现代化就成为中国共产党、中华人民共和国和中国人民一直追求的理想。中国共产党在民族危难中建立，在腥风血雨中成长，其初心就是要推翻帝国主义、封建主义、官僚资本主义所维护的专制、落后的制度，让中华民族和中国民众顺应历史潮流、拥抱世界，以赶超的姿态走向国家建设现代化。

　　中国共产党一直致力于探索和开创国家现代化建设的中国式的有效路径和战略。这种探索的轨迹呈现出两个明显的提升，一个提升是从具体领域现代化上升到国家整体层面的现代化；另一个提升是从国家管理现代化上升到国家治理现代化。

　　在近代和现代，有作为的政党和国家，都努力在工业、农业、国防、科技等具体领域推进现代化战略，用具体领域的现代化实现综合国力的提升。中国共产党也顺应这一潮流。早在 1945 年，毛泽东在《论联合政府》一文中就提出了未来共和国的现代化建设任务。[①] 1964 年，周恩来在《政府工作报

---

　　① 周伟东：《毛泽东关于新中国构想的历史演变（1947 年 10 月—1949 年 10 月）》，《党的文献》2019 年第 6 期。

告》中提出了实现工业、农业、国防和科技现代化的目标。① 1975 年周恩来总理抱病所作的《政府工作报告》又重申要实现四个现代化。进入改革开放以后，中国的现代化建设之路的探索，从具体领域上升到整体国家管理层面，完成了中国式现代化探索的第一个提升。四个现代化被纳入整体国家管理现代化之中。从 20 世纪 80 年代开始，国家现代化的管理目标确定为分三步走：第一步解决温饱；第二步实现小康；第三步达到中等发达国家水平。②

20 世纪与 21 世纪之交，一些发达的国家开始引入并推行"治理"的新观念。治理一词迅速成为全球政党、国家、政府运作中最流行的概念，国家管理也向国家治理转变。③ 人类对国家的公共管理，从单一权力的统治、管控，到运用计划、组织、指挥、评估的管理，再进展到依赖制度、合作协同的治理。与传统的国家统治、国家管理不同，国家治理更多强调责任、权力的对等与平衡的制度安排，强调组织和机构共同遵守协定或契约，强调多元主体的参与、主体间的相互作用和融合。④

在进入新的千年之际，联合国相关机构聘请了全球不同领域顶尖的专家学者，共同研讨未来全球竞争的关键因素。专家们的一致观点是，在未来，国家间竞争会更加激烈，治理能力的差异会加大。未来在竞争中能够取胜的一定是实现国家治理现代化的那些国家和民族。国家间拼的不仅仅是工业、农业、国防、科技领域的现代化水平，还必须强化治理能力，寻找新型治理形式，提升国家治理现代化的水平。⑤

因应这种形势，作为执政党的中国共产党，提出了国家现代化发展的新目标，并及时进入第二个提升，制定和实施国家治理现代化战略。中国 20 世纪 80 年代确定的"三步走"的国家现代化建设与管理战略目标，经过近半个世纪的改革开放，已经提前实现了第一步、第二步目标，正在向第三步目标稳步迈进。在此基础上，党在十九大作出了判断：中华民族的发展已经站到

---

① 《建国以来重要文献选编》（第十九册），中央文献出版社 1998 年版，第 455—526 页。
② 《改革开放三十年重要文献选编》（上），中央文献出版社 2008 年版，第 478 页。
③ 俞可平：《治理与善治》，社会科学文献出版社 2000 年版。
④ 俞可平：《治理和善治：一种新的政治分析框架》，《南京社会科学》2001 年第 9 期。
⑤ 美国国家情报委员会编：《全球趋势 2030：变换的世界》，中国现代国际关系研究院美国研究所译，时事出版社 2013 年版，第 72 页。

了新的历史起点上，中国特色社会主义建设已经进入了新时代，[①] 我们从站起来，到富起来，现在正迈步进入强起来的伟大复兴新征程。也正是在这一形势下，党的十九大庄严提出了实现"两个一百年"奋斗目标，[②] 必须用具有中国特色、符合中国实际的中国式现代化推进中华民族伟大复兴，用新型的现代化战略推动物质文明、政治文明、精神文明、社会文明、生态文明协调发展，加速将我国建设成为引领世界潮流的社会主义治理现代化强国，创造出人类文明新形态。[③]

正是在上述背景下，在"四化"提出50多年之后，2013年中国共产党十八届三中全会在其《决定》中明确地提出要"推进国家治理体系和治理能力现代化"。[④]"国家治理体系和治理能力现代化"战略的形成和提出，是中国共产党高度重视现代化、不断求解现代化的结果，也是中国共产党认识现代化的最新成果，是继国家现代化"四化"之后的第五个现代化。[⑤] 从"四化""三步走"到"第五化"是由浅入深地探索和完成了中国式国家现代化所包含的两大提升。如果国家现代化战略只停留于"四化"这一层次上是远远不够的。现如今，经过"三步走"，再到"第五化"的提出和确立，中国对于符合实际的中国式社会主义现代化的整体认识已经更加完整和完善。

在探索符合中国实际的中国式社会主义的现代化过程中，无论是实现国家管理现代化战略，还是实现国家治理现代化战略，政治民主都是其中不可或缺的要素和诉求。在制定和实施国家管理现代化战略中，创造和建构政治民主成为一以贯之的价值取向和制度安排。早在抗日战争胜利前夕，面对黄炎培提出的兴勃亡忽的"历史周期率"问题，毛泽东同志郑重地回答：我们已经找到新路，我们能跳出这一历史周期率。[⑥] 这条新路，就是政治民主。

---

① 《习近平谈治国理政》第3卷，外文出版社2020年版，第8页。
② 《十九大以来重要文献选编》（上），中央文献出版社2019年版，第20页。
③ 《关于中国式现代化的研究》，《人民日报》2022年7月11日第8版。
④ 《十八大以来重要文献选编》（上），中央文献出版社2014年版，第512页。
⑤ 许耀桐：《国家治理现代化理论的创新成果》，中国社会科学网—中国社会科学报，http://www.cssn.cn/zx/202006/t20200618_5144713.shtml，2020年6月18日。
⑥ 黄炎培：《八十年来：附〈延安归来〉》，中国文史出版社1982年版，第157页。

中国共产党成立 28 周年之际，毛泽东在《论人民民主专政》一文中对人民民主专政的性质、意义、任务、领导力量、依靠力量和团结力量进行了系统论述，① 这是毛泽东同志在中华人民共和国成立前夕对我国社会主义民主政治的战略性规划和前瞻性设想。1979 年 3 月 30 日，邓小平同志在党的理论工作务虚会上的讲话中正确指出："没有民主就没有社会主义，就没有社会主义的现代化。当然，民主化和现代化一样，也要一步一步地前进。社会主义愈发展，民主也愈发展。这是确定无疑的。"②

在制定和实施国家治理现代化战略中，建构和发展政治民主的诉求得到更为鲜明的体现。国家治理现代化自始至终被确定为是执政党的领导、依法治国和人民当家作主的有机统一。在三者的有机统一中，执政党的领导处于引领位置，只有坚持和维护执政党的领导地位和作用，才能保证人民当家作主，也才能保障法律的完善和实施。依法治国则处在保障的位置上。宪法、法律是人民意志的体现。政党、国家、政府和民众只能在宪法和法律的范围内活动。人民当家作主则处于基础的地位。只有人民真正当家作主了，代表人民根本利益的政党才能更好地执政和治国理政，只有人民真正成为国家主人，体现人民意志的法治活动才能完善并得到遵守。因此，从民主政治的角度看，要推进和实现国家治理现代化，必由之路就是坚持和发展社会主义民主政治。③

从具体的实施来说，国家治理现代化包括"国家治理体系现代化"和"国家治理能力现代化"。国家治理体系现代化是指国家治理组织系统结构制度的现代化；国家治理能力现代化是指国家治理者素质和方法方式的现代化。两者既有区别、又有联系。在国家治理体系中，国家的国体和政体尤为重要。国家治理体系的现代化首先必须借助国体和政体的科学、规范来实现。国体即国家的阶级本质，它是由社会各阶级、阶层在国家中的地位反映出来的国家的根本属性。它包括两个方面：一是各阶级、各阶层在国家中所处的统治与被统治地位；二是各阶级、阶层在统治集团内部所处的领导与被领导地位。

① 《毛泽东选集》第 4 卷，人民出版社 1991 年版，第 1469—1482 页。
② 《改革开放三十年重要文献选编》（上），中央文献出版社 2008 年版，第 36 页。
③ 杨登杰：《论党的领导、人民当家作主、依法治国有机统一》，《开放时代》2018 年特刊。

中国的国体包含着政治民主，即工人阶级领导的、以工农联盟为基础的人民民主专政，是人民民主和对敌人专政的统一。因此，国家治理体系的现代化就必然包含人民民主。

国家治理体系的现代化，也必然包含政体的现代化。我国的政体体现着民主。国家政体是指政权的组织形式，即统治阶级采取什么样的方式来组织自己的政权机关。日益走向科学、规范的我国政体是人民代表大会制度。这一制度规定国家的一切权力属于人民。人民行使国家权力的机关是全国人民代表大会和地方各级人民代表大会。由此可见，国家治理体系的现代化就必然包含人民当家作主和政治民主。

国家治理现代化，还包括国家治理能力的现代化。在国家治理能力中，最重要的方面一是国家和政府机构解决重大政治、经济、社会、文化和生态问题的决策能力，即确保公共政策的正确性和有效性。二是国家和政府应对风险的能力，即确保化解重大危机的及时性和有效性。要提升国家治理的能力，实现国家治理能力现代化，就需要在民主政治基本价值和评价标准的指引下，坚持民主集中制，采用参与、协商的决策。由此可见，国家治理能力的现代化中包含着政治民主的要求。

四　中国式现代化下人民高层次美好生活向往要求建构新型政治民主

新时代人民对美好生活的向往是高层次的，它包含着对政治民主这一好的价值原则和好的制度设计及其操作机制的追求。而要满足人民对包含着政治民主这一好东西的高层次美好生活的向往，就必须走中国式社会主义的现代化之路，在实现四个现代化的基础上，实施第五个现代化即国家治理现代化。要实现这一更高层次的现代化，将中国变成真正强大的现代化国家，尤其需要建构和发展政治民主，或者说对于正在走向强大的中华民族，对于正在实现全面复兴目标的中华民族来说，政治民主的确是个不可或缺的好东西。

基于上述的认识，我们决不能因为看到、听到西方的，特别是美国版的政治民主出了问题，看到这种政治民主的模式被无良政客们滥用，演化为带有破碎性、对抗性、暴力性、欺诈性的版本，而对中国的政治民主建构和发展持消极甚至否定的立场。世界上的政治民主因各国的文化、国情、习惯不同而形成不同的形态、模式和版本。西方特别是美国的政治民主形态、模式和版本有其特殊性，只适用于西方国家和美国，这种形态、模式近年来变异出衰退性版本，政治民主的制度、机制和操作程序被竞争型政党和维护大资本家利益的无良政客们滥用，致使这些国家的民主政治日益对抗化、碎片化，带有更大的欺诈性、否定性，造成了民众分裂、种族对立、社会撕裂。这是西方政治民主形态、模式和版本自身的事情。我们不能因为这些，就对我们自身的政治民主建构、发展和完善丧失信心。

新时代中国特色社会主义的发展，要求以实现国家治理现代化来满足人民对更高层次美好生活的向往，其中客观上所包含的、主观上所期盼的政治民主，应该是符合中国实际的社会主义新型政治民主。这种新型的政治民主就是全过程的、协商性的人民民主。它是人类多起源、多线传承、多种形态并存的政治民主中充满活力、不断完善的新型政治民主模式。

现如今，我们已经完全步入了一个"不民主不行"的时代。[①] 习近平总书记在中央人大工作会议上明确强调："民主是全人类的共同价值。"[②] 既然民主是全人类共同的价值追求，那么它在人类政治生活领域投射和实现出来的政治民主，就注定不是西方国家尤其是美国的政客们固执而又狂妄坚持的单一起源、单线传承的单一形态。[③] 在人类漫长的基于不同权益的公共生活的治理中，既形成了起源于古希腊，又从那里经古罗马、从欧洲传承到北美，从无法实施的直接民主形态转换为竞争性代议制民主形态；也产生出起源于东亚古老的中华大地，通过吸纳古今中外的民主观念和实践、从未间断的五千年传承，从质朴的重民本、尊民意、禅让共商中发展出人民当家作主共商

① 桑玉成：《站在平原看高山——玉成论政（民主篇、政府篇、政党篇）》，复旦大学出版社 2015 年版。

② 习近平：《论坚持人民当家做主》，中央文献出版社 2021 年版，第 335 页。

③ 罗伯特·达尔指出，所谓民主是过去一次性发明出来的观念可能是错误的。他认为："不管任何时候，只要存在合适的条件，民主就可以被独立地发明出来和重新发展出来。"参见 [美] 罗伯特·达尔《论民主》，李柏光、林猛译，商务印书馆 1999 年版，第 11 页。

共治的协商政治民主形态。①

在新时代中国特色社会主义发展中，自觉构建与发展的新型政治民主，必须在坚持执政党领导和依法治国的两大前提下推行。执政党的正确领导是新型政治民主建构和发展始终能够沿着正确方向迈进、始终能够获得优良环境、始终能够获取示范效应的有力保证，依法治国则为新型政治民主建构和发展提供了人民共同意志的基础、正确行为选择的依据。同时，新型政治民主的建构与发展又必须服从提升国家治理体系现代化和治理能力现代化的需要、必须服从更好满足人民对高层次美好生活的向往的需要。

新时代中国特色社会主义发展中需要建构和完善的新型政治民主必然是以绝大多数民众当家作主为深厚基础的，即民众在法律的框架内选择行动，既当自己的主人，更当国家的主人。执政党以人民为中心、为人民服务的初心和使命，人民代表大会制度的建立和运行，则从组织和制度上筑牢了人民民主这一新型政治民主的基石。

能够有效回应提升国家治理现代化水平、满足人民对高层次美好生活向往过程中包含的政治民主诉求的新型全过程人民民主，应该是范围最广泛的政治民主，它具有全领域全层次全方位、全环节全链条的立体化政治民主的特征。这里的全领域民主是指既需要全力建构和发展政治民主，并让它来引导和支持经济民主、社会民主、文化民主、生态民主，又需要将政治民主的建构和发展嵌入经济民主、文化民主、社会民主和生态民主之中。这里的全层次民主是指在治国理政中，从村民自治、基层乡镇、县市、省自治区直辖市到中央，要逐层建构和发展政治民主，既不能漏掉、也不能弱化哪个层级的政治民主。从基层乡镇到最高层中央的党委、人大、政协、政府，所有的部门都必须在治理中坚守政治民主价值、原则、制度、机制。这里的全环节、全链条政治民主是指在任何一个解决公共生活治理的过程中，从发现问题、确定议题、寻找可行性解决预案、进行决策、颁布行动方案，到政策实施、决策执行中的监督、决策执行结果的评估，所有这些环节都需要依据明确的

---

① 参见冯天瑜《"民主"与"科学"源流疏证》，载冯天瑜、聂长顺《三十个关键词的文化史》，中国社会科学出版社 2021 年版，第 311—325 页。

体制、机制和标准，大家的事大家商量，通过民主集中制方式，广泛咨询听取民意，在充分讨论中达成共识，依据标准考核分析评判民主政治运行结果。[①]

能够有效回应提升国家治理现代化水平、满足人民对高层次美好生活向往过程中包含的政治民主诉求的新型全过程人民民主，应该是在其内涵上具有全面有效特征的最完整最有效的政治民主。2021年10月，在中央人大工作会议上，习近平总书记对全过程人民民主的内在逻辑和基本规律进行了深刻阐释："我国全过程人民民主实现了过程民主和成果民主、程序民主和实质民主、直接民主和间接民主、人民民主和国家意志相统一，是全链条、全方位、全覆盖的民主，是最广泛、最真实、最管用的社会主义民主。"[②] 由此可见，全过程人民民主既重视过程的民主，也重视结果的民主，将过程民主与成果民主有机统一起来。全过程人民民主既讲究在程序上、形式上遵循民主价值、原则、制度、机制，又强调在实质上、内容上坚持民主，将程序民主与实质民主有机统一起来。全过程人民民主既注重制度设计和安排，又重视解决实际问题的民主机制和民主操作，将民主制度和民主机制操作有机结合起来。

能够有效回应提升国家治理现代化水平、满足人民对高层次美好生活向往过程中包含的政治民主诉求的新型全过程人民民主，其活力和关键在于它是协商合作共治共享的民主。世界上所有的政治民主都是对由不同权益的个体、社群所结成的，精英和大众并存的公共生活的治理。西方的、美国式政治民主模式的核心是以个体私利、资本和少数精英为中心，实施对公共生活的治理。它只能选择以竞争性、程序性、崇尚精英为主的政治民主模式和依赖精英的代议制政治民主形态。新时代中国特色社会主义政治民主的建构和发展，则是继承中华文明中的和谐、合作、共商的传统，以人民和多数人的整体权益为中心，以合作、共商、共识为民主模式的协商制政治民主形态。

和世界上所有现象、事物一样，任何一种模式和形态的政治民主都处在不断演化之中。当然，不同政治民主模式和形态演变的轨迹也是不一样的。

---

① 张明军：《全过程人民民主的鲜明特色》，《光明日报》2022年5月26日第6版。
② 习近平：《论坚持人民当家作主》，中央文献出版社2021年版，第336页。

有些政治民主的模式和形态在演化中，会因内在的欠缺而日趋衰败，西方的、美国式的政治民主的近期版本就具有这方面特征。与之相反，新时代的中国式社会主义政治民主的模式、形态，虽然最初的版本还不是尽善尽美的，但是，其演化的轨迹是向好向上的。

从全过程人民民主看推进民主发展的意义

桑玉成[*]　　林锦涛[**]

---

[*] 桑玉成，复旦大学国际关系与公共事务学院教授、博士生导师，兼任上海市政治学会会长、中国政治学会学术委员会副主任。曾先后任上海市社会科学界联合会党组副书记、专职副主席，复旦大学社会科学基础部主任、文科科研处处长、国际关系与公共事务学院常务副院长、复旦大学校长助理等职。主要专业领域为政治学理论、中国政府与政治、公共政策。著有《自治政治》《改革向前推进的一个标志》《继续推进政治体制改革》《政府角色》《利益分化的政治时代》《站在平原看高山》《我们怎么选干部》《全过程人民民主理论探析》等 20 多部学术专著。主编《公共政策学导论》等教材多部，发表学术论文 200 多篇。

[**] 林锦涛，天津师范大学政治与行政学院博士研究生。

◎ 结 构 摘 要

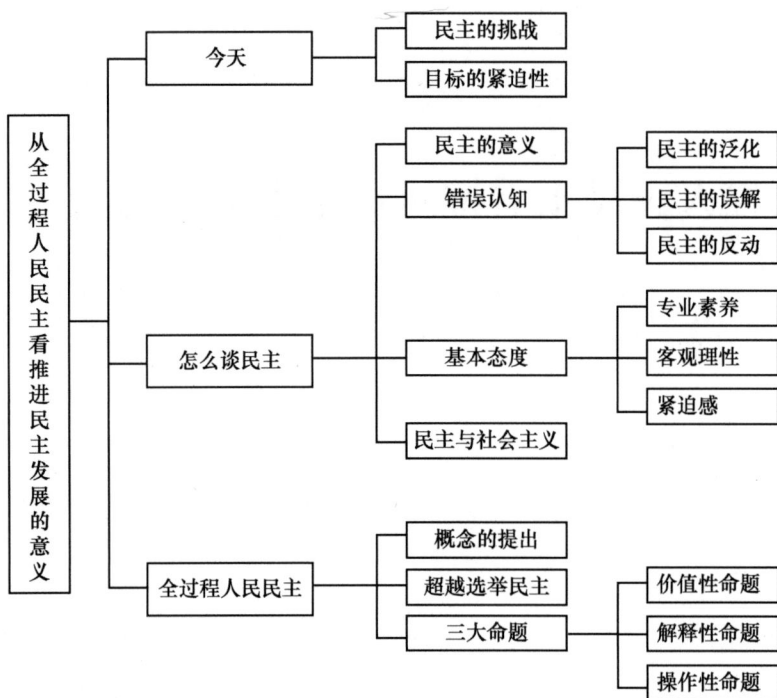

◎ 内容摘要

　　摘要：民主是人类最为原始、最为朴素，同时也是最为崇高的政治理想和政治追求。然而，当今世界的民主正在遭遇挑战，为此，我们必须要认识到民主政治建设的必要性和紧迫性，以及第二个"百年"奋斗目标对民主发展提出的要求。在围绕民主进行理论探索和实践推进的过程中，要从政治学基本问题的角度认识民主的意义，排除错误的认知，坚持正确的态度，同时还要把握好民主与社会主义的关系。此外，还要认识到全过程人民民主超越了西方的选举民主，并且已经成为我国民主政治建设的必由之路，要认真把握并处理好全过程人民民主的价值性命题、解释性命题和操作性命题的关系，并将解决好操作性命题作为民主政治建设的重中之重。

　　关键词：民主；全过程人民民主；选举民主；民主政治建设

◎ 观点摘要

1. 在人类政治发展史上，民主是人类最朴素、最崇高的政治理想，同时也是人类用以解决集体生活的困境和难题的基本手段和途径。

2. 不可否认的是，当今世界的民主模式、民主制度确实还存在很多问题，但这并不意味着民主价值就要被否定，或是认为民主已经不可避免地走向衰败，或是认为民主对社会发展来说就是一种威胁，而是意味着世界各国应当进一步发展和完善已有的民主制度，使民主更能够适用于本国国情，并且更能够有效地解决社会问题。

3. 在思考社会问题的原因和应对之策时，必须要坚持全面且客观的原则，分析问题产生的主要原因和次要原因，并且对症下药。属于民主领域的问题应当在民主领域加以完善，属于经济、文化等其他领域的问题，则应思考其他应对之策。一味将社会问题归咎于民主，不仅会导致民主的污名化，还会使问题变得更糟。

4. 民主是我们共产党人一向秉持的初心和使命，更是近代以来亿万中国人民梦寐以求的、真正能够当家作主的政治发展目标。

5. 西方民主是一种间歇性、阶段性的民主。相比之下，全过程人民民主在本质上已经超越了西方资本主义的唯选举主义的民主，弥补了"非全过程民主"的某些缺陷。

6. 我们能否解决好操作性命题，直接决定了价值性命题、解释性命题能否实现。实际上，民主具有很强的实践性价值，同时民主也只有能够操作、能够实践，才能得到真正意义上的体现。

7. 民主本质上是排斥独断专行的，而一个领导者能够避免独断专行的最为显著的特征就在于他能够倾听并吸纳不同的意见，或者说当他同其他人的意见不合时，能够以妥协的立场来对待他人。

在人类政治发展史上，民主是人类最朴素、最崇高的政治理想，同时也是人类用以解决集体生活的困境和难题的基本手段和途径。现如今，我们已经完全步入一个"不民主不行"的时代。[①] 2021 年 10 月，习近平总书记在中央人大工作会议上明确强调："民主是全人类的共同价值，是中国共产党和中国人民始终不渝坚持的重要理念。"[②] 这一论断指明了民主就是我国政治发展的价值理念和前进方向。但是，一段时间以来，无论是学术界还是社会各界，人们似乎有点谈民主色变。其中，一些学者对民主持怀疑甚至反对态度，并且对民主提出了批判，一时间，民主失败论、民主阴谋论、民主威胁论等论调不绝于耳。这些论调对民主的形象造成了严重破坏，同时也对民主的发展造成了阻碍。那么，这些质疑的声音是如何出现的，今天的我们又该如何看待民主，如何认清中国的民主发展道路？基于此，本文将结合当下的国际和国内背景，阐述民主研究和民主实践应当坚持的态度和原则，并对中国未来的民主发展道路做出评判。

一 谈民主，为什么要突出"今天"？

谈民主，必须要突出"今天"，这是因为"今天"有着特定的背景。只有结合当下的国际和国内背景谈民主，才能理解学术界和社会各界为何会出现质疑民主的声音，才能对民主产生更为客观且全面的认识，才能对民主的发展产生更贴合实际的认知。具体来看，今天民主发展的国际和国内背景主要包括三个层面。

其一，当今世界的民主正在遭遇挑战。民主是人类一种最朴素也是最崇高的政治理想，但是，今天的人们却对民主产生了忌讳。这是因为，近些年

---

① 桑玉成：《站在平原看高山——玉成论政（民主篇、政府篇、政党篇）》，复旦大学出版社 2015 年版。

② 习近平：《论坚持人民当家作主》，中央文献出版社 2021 年版，第 335 页。

来，一些经典的民主理论和民主制度在不同程度地遭受着冲击，例如民粹主义、极权主义、政治极化等。这些问题导致现代政治发展扑朔迷离。在这种情况下，很多人对经典的民主理论和民主模式提出了质疑，甚至提出了反对。但实际上，今天各个国家出现的一系列问题，真的都是由民主导致的吗？人们关于这一问题往往缺乏深入的思考。实际上，任何一个社会问题，致使其发生的影响因素有很多。我们必须要深入发掘这些影响因素，并且区分哪些影响因素是最主要的，哪些是次要的，而不能将一切社会问题都归咎为民主的错。

同时，不可否认的是，当今世界的民主模式、民主制度确实还存在很多问题，但这并不意味着民主价值就要被否定，或是认为民主已经不可避免地走向衰败，或是认为民主对社会发展来说就是一种威胁，而是意味着世界各国应当进一步发展和完善已有的民主制度，使民主更能够适用于本国国情，并且更能够有效地解决社会问题。当民主问题发生时，我们应当思考如何解决民主带来的问题，如何通过配套的机制和措施对民主加以完善和补充，而不能因遭遇挫折和挑战就怀疑民主本身。这也是我们对待民主应当秉持的基本态度和原则。同时，这也要求我们必须要构建自己的民主话语体系，不断发展中国特色社会主义民主理论，探索出符合本国国情的民主实践道路。这不仅对本国的政治发展，而且对人类的政治文明也具有积极的意义。

其二，第二个"百年"奋斗目标"任重道不远"。民主政治的实质性推动是实现"两个百年"奋斗目标的必要前提。党的十五大报告最早提出了"两个百年"奋斗目标，此后党的十六大、十七大、十八大报告又分别进行了重申。在中国共产党第十八次全国代表大会上，胡锦涛同志强调："只要我们胸怀理想、坚定信念，不动摇、不懈怠、不折腾，顽强奋斗、艰苦奋斗、不懈奋斗，就一定能在中国共产党成立一百年时全面建成小康社会，就一定能在新中国成立一百年时建成富强民主文明和谐的社会主义现代化国家。"①在 2021 年，我们实现了第一个"百年"愿景，全面建成了小康社会，并且继续朝向第二个"百年"愿景迈进。

---

① 《十八大以来重要文献选编》（上），中央文献出版社 2014 年版，第 13 页。

在中国共产党第十九次全国代表大会上，习近平总书记为接下来第二个"百年"奋斗目标的实现做出了规划："第一个阶段，从二〇二〇年到二〇三五年，在全面建成小康社会的基础上，再奋斗十五年，基本实现社会主义现代化……第二个阶段，从二〇三五年到本世纪中叶，在基本实现现代化的基础上，再奋斗十五年，把我国建成富强民主文明和谐美丽的社会主义现代化强国。"① 其中，不仅经济发展、社会进步，政治建设、民主发展同样也是实现第二个"百年"愿景的重要内容。然而，第二个"百年"愿景的实现时间紧、任务重，道不远，因此，必须加快推进政治建设和民主建设。

二　民主是什么？又不是什么？

从国际和国内背景出发，可以看出，民主已经是不可阻挡的历史潮流，同时也是我国政治发展的基本要素。但是，民主政治建设时间紧、任务重，无论是学术界还是社会各界都应当加快推进民主的理论探索和实践研究。具体来看，在民主的理论研究和实践推进的过程中，应当坚持以下态度和基本原则。

首先，从政治学基本问题的角度认识民主的意义。政治学的基本问题是什么？政治学者萨拜因说："政治理论就是人类为了有意识地理解和解决其群体生活和组织（group life and organization）中的各种问题而作出的种种努力。"② 简单来说，人类的集体生活肯定会面临很多困境和难题，因此，政治学说就要提出很多思想和主张解决这些困境和难题。从这个角度来讲，政治学致力于建构人类优良的政治生活，探求人类美好政治生活的模式及其实现条件。

具体来看，政治学不外乎要解决三大基本问题：其一，勾画人类美好政治生活的理想蓝图。什么是美好的经济生活？这个问题是比较容易回答的，例如，物质生活富裕、良好的生活条件等，都是美好经济生活的重要组成部

---

① 《十九大以来重要文献选编》（上），中央文献出版社 2019 年版，第 20 页。
② ［美］萨拜因：《政治学说史：城邦与世界社会》，邓正来译，上海人民出版社 2015 年版，第16 页。

分。但是，什么是美好的政治生活？不同的社会、不同的历史时期和不同的人都会提出不同的看法，这些看法既反映出不同主体的价值观念，也反映出他们的客观需要。政治学说要解决的问题，就是认识不同主体对美好政治生活的理解，并且指导政治共同体"在一般的意义上对人类良善的政治生活作出规划和设计"。

其二，设计科学合理的组织和制度，使千差万别的人能够各安本分、各得其所、相得益彰、共存共荣。无论是从生理学的角度来看，还是从社会学的角度来看，人都具有很强的差异性：我们既找不到长相一模一样的人，更找不到想法一模一样的人。在这种情况下，社会就需要设计出科学合理的组织和制度，使千差万别、形形色色的人能够各安本分、各得其所、相得益彰、共存共荣。

其三，找到科学有效的方法和手段，以提高用和平方式解决人类矛盾和冲突的有效性。人类因差异而产生矛盾和冲突，政治需要对这些矛盾和冲突予以调和解决。马克思主义政治学说认为，国家是一种特殊的暴力机器。其中，暴力是国家统治的最后手段，而非经常性的手段。人类的许多矛盾和冲突，实际上都不是用暴力直接解决的，而是以和平的方式解决的。[①]

历史和逻辑都证明，民主在很大程度上可以有效解决政治学的基本问题。无论是勾画人类美好政治生活的理想蓝图，还是设计科学合理的组织和制度，抑或设计科学有效的方法和手段，以和平的方式解决人类的矛盾和冲突，民主都发挥着至关重要的作用。由此可见，国家建构和社会发展离不开民主。那么，民主究竟是目的还是手段？实际上，民主既是一种目的，也是一种手段，既有目的性价值，也有工具性价值。一方面，民主是人类最朴素也是最崇高的政治理想，从这个意义上讲，民主是一种目的。正如习近平总书记所说："民主是全人类的共同价值，是中国共产党和中国人民始终不渝坚持的重要理念。"[②] 在这里，民主就是价值和目的。作为一种价值，民主指明了现代政治的发展方向，表明了公众追求的理想目标，同时也构成了现代国家公民

---

① 桑玉成：《政治学如何吸取治国理政的经验和智慧》，《新视野》2019 年第 1 期。
② 习近平：《论坚持人民当家作主》，中央文献出版社 2021 年版，第 335 页。

应有的生活状态。另一方面，民主也因其能够解决政治学所需要解决的基本问题而成为一种手段。民主能够帮助建立科学合理的组织和制度，也能够帮助解决人类的矛盾与冲突，保障所有不同的人各安本分、各得其所、相得益彰、共存共荣。

其次，在民主问题上要排除三种错误的认知。其一，民主的泛化，具体体现为民主问题的泛化、民主领域的泛化和民主模式的泛化等。其中，民主问题的泛化指的是将一切国家和社会问题都泛化为民主的问题。实际上，任何一个国家和社会问题的产生都有着极其复杂的背景和原因，而这些背景和原因涉及政治、经济、文化等领域的各个方面。在思考社会问题的原因和应对之策时，必须要坚持全面且客观的原则，分析问题产生的主要原因和次要原因，并且对症下药。属于民主领域的问题应当在民主领域加以完善，属于经济、文化等其他领域的问题，则应思考其他应对之策，一味地将社会问题归咎于民主，不仅会导致民主的污名化，还会使问题变得更糟。

民主领域的泛化指的是过分夸大民主的功能和适用领域。实际上，在政治学里讲的民主主要就是政治层面的。尽管民主也可以延伸至经济和文化领域，但需要注意的是，民主本质上属于政治领域的问题。当民主覆盖到经济、文化等其他领域时，往往会带来一系列原则性的问题，例如，经济领域的核心价值是效率，民主更多地强调平等，而效率和平等之间是存在矛盾的；文化领域强调多元和包容，强调多元文化的彼此独立和相互尊重，但民主强调少数服从多数，因此，如果用多数规则来解决民族、宗教等文化问题，就会伤害文化多样性和少数群体的合法权益。[①] 因此，我们必须认识到，民主的功能和适用领域是有限的，并不是所有的问题都适合以民主的方式加以解决。

民主模式的泛化指的是过分夸大某一民主模式的适用范围，认为该模式具有普遍适用性。例如，西方的一些政治学者和政治家就过分夸大了西方民主的适用范围，认为西方民主可以应用于世界上的任何一个国家。现如今，选举民主是西方民主模式的主要特征，将民主简单化为选举和投票也成为西

---

① 佟德志：《发挥全过程人民民主的合力效应》，《探索与争鸣》2022 年第 4 期。

方社会的主流观点。然而，西方的选举民主体制仅仅提供了极为有限的民主空间，它能够保障选民在投票期间是民主的，但是，在投票结束后，选民可能会失去对政策的影响力。同时，选举民主强调竞争，这就有可能为社会断裂和族群冲突埋下隐患。发达国家的选举民主也可能会带来政治极化等问题，而在社会异质性较强的发展中国家、民主转型期国家，选举民主更是会导致暴力冲突等极为严重的社会后果。因此，我们国家的民主政治建设，绝不能照搬西方的民主模式。21 世纪初，江泽民同志就曾强调："离开社会主义中国的国情，不顾中国人民的实践效果，企图照搬西方政治制度的模式来代替我国的政治制度和政党制度，在理论上、政治上是极其错误的，在实践上必然造成灾难性的无法挽回的后果。"① 2015 年，在中央统战工作会议上，对于西方的政治制度，习近平总书记也一针见血地指出："搞了西方的那套东西就更自由、更民主、更稳定了吗？一些发展中国家照搬西方政治制度和政党制度模式，结果如何呢？很多国家陷入政治动荡、社会动乱，人民流离失所。"② 因此，我们要坚决杜绝民主模式的泛化，我国政治建设可以借鉴西方政治文明的有益成果，但绝不能照搬西方的民主模式。

其二，民主的误解。复旦大学的包刚升教授曾系统地阐述过民主的误解问题，他曾在《东方早报》杂志上三次讨论"被误解的民主"，并指出：民主是中国的核心价值观，但同时也是一个容易被误解的概念，我们既不能否定民主，要认识到民主有着特定的政治功用，也不能神化民主，要认识到民主并非政治上的十全十美之物。包刚升教授列举了二十种误解民主的观点，其中比较有代表性的包括：民主主要是一个政治哲学命题；政体要么民主要么不民主；不民主就是因为不民主；民主搞不好是因为民主本身不好；民主重在选举竞争与权力制衡而政府效能无关紧要；民主就是"选主"；民主不仅指政治民主，而且指经济民主；民主必然导致善治；民主意味着小政府；民主其实也是小圈子的统治；民主一定能治愈腐败；民主导致更多冲突等。③在包刚升看来，以上的种种观点都是对民主的误解。想要正确地认识民主，

① 《江泽民文选》第 3 卷，人民出版社 2006 年版，第 145 页。
② 《习近平关于社会主义政治建设论述摘编》，中央文献出版社 2017 年版，第 19 页。
③ 澎湃新闻：《论民主的二十个误解》，https://www.thepaper.cn/newsDetail_forward_1309619。

就需要消除这些误解，既不能过分夸大民主的作用，也不能过分贬低民主的功能，而是要以客观、公正的态度和综合性的思维思考民主。

其三，民主的反动。如前所述，在人类政治发展史上，民主是人类最朴素也是最崇高的政治理想。民主是一个有着悠久历史的概念。西方意义上的民主出现在2500年前的古希腊，它从那个微小的源头不断地传播到现代的每个大洲，在过去2500年的时间里，人们断断续续地讨论着民主，民主也在不同时期、地域逐渐传播。① 同时，纵观人类的政治发展史，人们对于民主的认同度也是最大的。在历史上，无论是在政治界还是在学界，人们都对民主的价值给予了充分的肯定，即使有些肯定仅停留于表象层面。时至今日，民主已经成为人类文明共同的价值追求，民主化也被视为现代化的基本内容。各种各样的观念、主张、行为和制度安排，都纷纷被贴上了民主的标签，以宣示自己的合法性和正当性，民主大概已经成为现代政治生活中人们使用频率最高的字眼之一。②

但是，近些年来，无论是在国内还是在国际上，都出现了程度不同的反对民主的人，这就是对民主的反动。其中，代表性的观点主要有：其一，民主失败论。这一观点有其特定的生成背景：从国际背景来看，西方社会出现了一系列社会问题，比如社会动乱、民粹主义、政治极化等，因此，学术界就出现了民主失败、民主衰败、民主崩溃的论调。其二，民主阴谋论。一些学者认为，民主有着某种特定的目的，即用民主来分裂国家、推翻政权等。其三，民主威胁论。将民主与"一盘散沙"相联系，认为民主会导致国家分裂、社会冲突等各种问题。然而，从历史和逻辑的角度来看，民主不仅不是"一盘散沙"，也不会导致"一盘散沙"，甚至要从根本上解决"一盘散沙"的问题，也唯有实行民主的政治制度。③

之所以会出现这些错误的论调，一是因为他们未能意识到社会问题往往是由多种原因造成的，而民主未必是主要原因。就"一盘散沙"问题而言，

① ［美］罗伯特·达尔：《论民主》，李风华译，中国人民大学出版社2012年版，第7—10页。
② 张凤阳：《政治哲学关键词》，江苏人民出版社2014年版，第50页。
③ 桑玉成：《站在平原看高山——玉成论政（民主篇、政府篇、政党篇）》，复旦大学出版社2015年版，第287页。

一个国家确实会在特定的历史阶段出现"一盘散沙"的政治境况，但这往往是由于利益分化、派系斗争、文化冲突等多种原因导致的，而非"民主"所致。① 例如，民主转型的国家会存在矛盾升级和社会分裂的问题，但是，导致分裂的原因是多样化的，其中许多原因也是历史上长期存在的，例如族群冲突、宗教冲突、公民文化的缺失等。当一个国家民主政治的发展遭遇了困境，并不意味着这个国家不适合搞民主，而是要探索出符合本国国情的民主化道路，并且将民主化视为是长期的过程，不能一蹴而就，而是要在此过程中通过制度建设不断地推进和发展民主。

二是因为他们没有对价值判断和经验判断进行很好的区分。在《论民主》一书中，达尔举了一个生动形象的例子：在评价民主时，甲说："我认为，在一切可能的统治形式中，民主是最好的一种。"乙却说："你发神经了，竟然相信这个国家现在所谓的民主政府是我们能够拥有的最好的政府。其实我就不认为它算什么民主。"达尔进一步对此做出解释："某甲所说的，当然是理想的民主，而某乙所指的，却是通常冠以民主之名的一个现实中的政府。"② 这实际上就是要求我们对民主的价值性判断和经验性判断、民主的目标和现实加以区分。在现实中，一个国家的民主模式或民主制度确实会存在一些问题，比如过分强调竞争，尤其是党争的民主可能会导致群体矛盾的升级和社会的分裂。但这并不意味着民主作为一种价值或政治发展的目标已不合时宜。现如今，民主仍然是各个国家政治发展的基本价值和重要目标。

三是因为他们错误地理解了政治的立场问题，忽视了政治的价值问题和科学问题。现阶段，一些人狭隘地理解民主，将民主与西式民主画等号，即只要谈及民主，就被说成是西方的话语。这实际上与党中央一贯强调的政治发展目标是背道而驰的，同时对于推进我国政治发展的进程也是百害而无一利的。民主固然有其不足或缺陷，民主也肯定不能解决社会发展的所有问题，但是，如前所述，民主是人类迄今为止找到的最为朴素、最为崇高的政治生活方式和政治生活理想，同时也是我们共产党人一向秉持的初心和使命，更

---

① 桑玉成：《民主绝非"一盘散沙"》，《科学决策》2007年第3期。
② ［美］罗伯特·达尔：《论民主》，李柏光、林猛译，商务印书馆1999年版，第30—32页。

是近代以来亿万中国人民梦寐以求的、真正能够当家作主的政治发展目标。因此，想要研究民主，就必须要摒弃对民主的反动的错误观点。

再次，在民主问题上要坚持三种基本的态度。其一，以良好的专业素养谈民主。民主是最朴素、最崇高的政治理想，所有社会成员都可以谈论这样的话题。但是，在政治学层面谈民主，还是需要有专业素养。这就要充分发展政治学学科，注重相关的学术研究。早在改革开放之初，邓小平同志就深刻地指出："政治学、法学、社会学以及世界政治的研究，我们过去多年忽视了，现在也需要赶快补课。"[①] 之所以需要"补课"，是因为多年来我们忽视了这类学科的发展，使得对很多问题的思考和研究成为空白。同时，邓小平同志还提出，改革是全面的改革，不仅包括经济体制的改革，还包括政治体制的改革。想要推进民主政治建设，就需要政治学科的发展和民主理论的研究。学术研究历来就有反思、创造和引领的价值和功能，它可以帮助人类不断地总结经验、吸取教训、获得教益，并且不断地走向进步和文明。面对民主问题，政治学研究应当承担起这样的使命和责任，以已有的知识和智慧思考我国的民主政治建设，指导我国的民主政治实践。此外，对公民尤其是青年人进行民主知识和民主素养的培育迫在眉睫。民主知识和素养的不足是直接影响民主政治发展的重要因素。必须注意到，民主知识和素养需要社会的积极传播，特别是在学校教育过程中，必须要努力将年青一代培养成具有现代民主知识和民主素养的社会中坚力量。

其二，以客观理性的态度谈民主。客观理性不仅是做学术的基本态度，也是评论社会问题的基本要求。现如今，无论是学术界还是社会各界，都出现了关于民主的错误论调，例如民主失败论、民主阴谋论、民主威胁论，以及错误的认知，例如民主的泛化、民主的误解、民主的反动。之所以会出现这样的问题，一个重要的原因就是这些人没有以客观理性的态度谈民主。一些人给民主泼脏水，将各种社会问题归咎为民主惹的祸，这种观点显然是不客观、不公正的。对待民主，我们必须要坚持客观理性、实事求是的基本原则，在对各种民主原则、民主模式进行辩证评价的基础之上取长补短，从而

更好地推进我国的民主政治建设。

其三，以目标导向的紧迫感谈民主。从国际社会的角度来看，现如今，民主既是一个国家国际形象的重要方面，也是国家软实力的重要内容，同时还是国家综合实力的重要组成部分。当一个国家进入世界体系，就会发现这个世界体系除了拥有相似的经济制度和物质生活方式外，还拥有相似的政治价值和政治生活方式，而这个价值的基础和共同特点就是民主。尽管不同国家具体的政治体制和政治模式有很大区别，但几乎所有的现代国家，都要在其宪法体系中承认并宣告"人民主权"的政治原则。然而，伴随国际竞争的日益激烈，不同国家似乎也围绕民主话语展开了竞争。尤其是以美国为首的西方老牌民主国家，正在不断维持着对民主话语的解释权。在这种背景下，中国的民主也曾遭遇"污名化"。早在 2013 年全国宣传思想工作会议上，习近平总书记就曾指出："随着我国经济社会发展和国际地位提高，国际社会对中国发展道路和发展模式的理性认识逐步加深，同时对我们的误解也还不少，'中国威胁论'、'中国崩溃论'等论调不绝于耳……国际舆论格局是西强我弱，西方主要媒体左右着世界舆论，我们往往有理说不出，或者说了传不开。这个问题要下大气力加以解决。"[①] 在这种背景下，我们必须建立自己的民主话语体系，拥有对于民主的解释权和话语权。

从国家建设的角度来看，民主法治建设还是实现我国第二个"百年"奋斗目标的主要内容和必要条件。尽管我们已经实现了第一个"百年"奋斗目标，但实现第二个"百年"奋斗目标同样是时间紧、任务重，容不得我们"慢慢来"。这也正是我们要提出"任重道不远"的主要原因。[②] 而且在实现第二个"百年"奋斗目标的关键时期，新冠肺炎疫情还影响着社会主义现代化建设的各方面进程。因此，中国在接下来的二十多年里更要保持紧迫感，积极推进政治建设和民主建设，将我国建设成富强民主文明和谐美丽的社会主义现代化强国。

最后，从民主由来的角度把握民主与社会主义的关系。尽管说民主是人

---

① 《习近平关于社会主义文化建设论述摘编》，中央文献出版社 2017 年版，第 197 页。

② 桑玉成：《任重道不远：国家治理体系亟待研究的若干重要问题》，《中国浦东干部学院学报》2021 年第 5 期。

类最朴素、最崇高的政治理想，但是，近现代意义上的民主还是诞生于资产阶级革命时期。因此，我们首先必须要了解马克思主义经典作家如何看待民主。马克思主义始终把民主作为工人阶级革命者、无产阶级革命者争取的首要目标。例如，马克思、恩格斯在《共产党宣言》中就明确提出："工人革命的第一步就是使无产阶级上升为统治阶级，争得民主。"[①] 他们对资本主义民主持客观理性的辩证态度。马克思、恩格斯首先肯定了资本主义政治相对于封建社会政治的历史进步性："现代资产阶级本身是一个长期发展过程的产物，是生产方式和交换方式的一系列变革的产物。资产阶级的这种发展的每一个阶段，都伴随着相应的政治上的进展。"[②] 而且马克思主义认为资产阶级创造了一种民主形式，因此，资产阶级对于民主的发展有所贡献。但是，马克思进一步指明了资产阶级民主的局限性。从阶级对立的角度来看，"从封建社会的灭亡中产生出来的现代资产阶级社会并没有消灭阶级对立。它只是用新的阶级、新的压迫条件、新的斗争形式代替了旧的"。[③] 从资产阶级民主本质的角度来看："资产阶级口头上标榜自己是民主阶级，而实际上并不如此，它承认原则的正确性，但是从来不在实践中实现这种原则。"[④] 总而言之，从"前世今生"的角度来看，马克思主义认为，民主是无产阶级革命追求的首要目标。

民主实际上也是社会主义的本质属性。在 1978 年，改革开放之初，时任复旦大学党委书记的夏征农先生在《复旦学报》（社会科学版）上发表了一篇文章，即《没有民主就没有社会主义》。1979 年 3 月，在党的理论工作务虚会上，邓小平同志阐述了这一观点："没有民主就没有社会主义，就没有社会主义的现代化。"同时，邓小平同志还进一步提出："民主化和现代化一样，也要一步一步地前进。社会主义愈发展，民主也愈发展。这是确定无疑的。"[⑤] 后来历届党的代表大会都重申了社会主义与民主密不可分

---

① 马克思、恩格斯：《共产党宣言》，人民出版社 2018 年版，第 49 页。
② 马克思、恩格斯：《共产党宣言》，人民出版社 2018 年版，第 29 页。
③ 马克思、恩格斯：《共产党宣言》，人民出版社 2018 年版，第 28 页。
④ 《马克思恩格斯全集》第 10 卷，人民出版社 1998 年版，第 692 页。
⑤ 《改革开放三十年重要文献选编》（上），中央文献出版社 2008 年版，第 36 页。

的关系。例如，党的十六大就明确提出"我们党历来以实现和发展人民民主为己任"①，十七大又进一步指出"人民民主是社会主义的生命"②，尽管表述上有所不同，但都对民主和社会主义的关系予以充分肯定。实际上，当"人民民主是社会主义的生命"这一命题提出后，就不需要再考虑民主到底是个好东西还是坏东西了。人民民主是社会主义的生命，就意味着人民民主是社会主义的必需品，社会主义离不开民主，离开了民主，社会主义就无法生存。可见，从"社会主义的生命"这一角度来看，民主已经超越了是不是"好东西"这样的属性。"我们党历来以实现和发展人民民主为己任"，同样也体现出中国共产党人的初心和使命，即实现人民民主、建设真正属于人民的政权。同时，以民主为己任也说明了中国共产党人以人民的美好生活为己任。民主和人民美好生活实质上是统一的，是人民美好生活的题中之义。

后来，党的十九大再次强调了民主的重要性。党的十九大有两个重要的判断，即新时代和新矛盾。2017 年，习近平总书记在党的十九大报告中指出："中国特色社会主义进入新时代，我国社会主要矛盾已经转化为人民日益增长的美好生活需要和不平衡不充分的发展之间的矛盾"，基于此，习近平总书记进一步强调："人民美好生活需要日益广泛，不仅对物质文化生活提出了更高要求，而且在民主、法治、公平、正义、安全、环境等方面的要求日益增长。"③ 由此可见，除了物质文化生活以外，民主法治、公平正义等都是人民美好生活的重要组成部分。

三　全过程人民民主与我国的民主发展之路

民主是现代国家政治建设的重要内容，而全过程人民民主则是中国特色社会主义民主政治发展的必由之路。全过程人民民主概念最早是习近平总书记在上海虹桥街道基层立法联系点提出的。基层立法联系点是由全国人民代

---

①　《十六大以来重要文献选编》（上），中央文献出版社 2005 年版，第 24 页。
②　《十七大以来重要文献选编》（上），中央文献出版社 2009 年版，第 22 页。
③　习近平：《决胜全面建成小康社会　夺取新时代中国特色社会主义伟大胜利——在中国共产党第十九次全国代表大会上的报告》，人民出版社 2017 年版，第 11 页。

表大会常务委员会设置的，而全国人大常委会又有着制定法律的功能。在我国，任何一项法律的制定，从提议到起草，到反复征询意见，再到会议上讨论表决，有一个非常复杂的过程。基层立法联系点工作的主要出发点就是就相关法律草案的制定深入基层听取人民群众和相关人士的意见。全国人大常委会在全国设置了若干基层立法联系点，通过这个联系点，使听取人民群众关于立法的意见这项工作得以制度化。2019 年 11 月，习近平总书记听取了虹桥街道基层立法联系点的工作汇报，然后提出："我们走的是一条中国特色社会主义政治发展道路，人民民主是一种全过程的民主，所有的重大立法决策都是依照程序、经过民主酝酿，通过科学决策、民主决策产生的。"① 这便是习近平总书记第一次提出全过程人民民主概念。

在全过程人民民主概念提出后，学术界逐步对其展开了理论探讨和实践研究。2020 年，上海市人大常委会研究室、上海市委宣传部、上海市哲学社会规划办公室以及上海市政治学会共同策划了关于全过程人民民主的专题研究。当时，这项研究共设立了两个专项课题，分别从理论和实践的角度探讨全过程人民民主带来的理论问题，总结全过程人民民主实践探索的经验。后来分别出版了两本书，即《全过程人民民主理论探析》② 和《全过程人民民主：基于人大履职实践的研究》③，推进了学术界关于全过程人民民主的研究。2020 年年底，《探索与争鸣》杂志组织了一场圆桌会议，在同年第 12 期以全过程人民民主为主题发表了七篇文章，这也是学术界关于全过程人民民主的第一次集中研究。这组文章集中讨论了全过程人民民主，很快得到了党中央的肯定，并进而提出了继续加强全过程人民民主研究的要求。

关于概念问题，到底是讲全过程民主，还是讲全过程人民民主，我认为这个问题并不重要。2019 年，习近平总书记在上海考察时第一次提出全过程民主，最初的说法便是："我们走的是一条中国特色社会主义政治发展道路，人民民主是一种全过程的民主。"④ 在这里"人民"就被放在了前面，即"人

①　习近平：《论坚持人民当家作主》，中央文献出版社 2021 年版，第 303 页。
②　桑玉成等：《全过程人民民主理论探析》，上海人民出版社 2021 年版。
③　程竹汝等：《全过程人民民主：基于人大履职实践的研究》，上海人民出版社 2021 年版。
④　习近平：《论坚持人民当家作主》，中央文献出版社 2021 年版，第 303 页。

民民主是一种全过程的民主"。2021 年 7 月，在庆祝中国共产党成立 100 周年大会上，习近平总书记再次强调："践行以人民为中心的发展思想，发展全过程人民民主。"① 2021 年 10 月，在中央人大工作会议上，习近平总书记进一步对全过程人民民主的内在逻辑和基本规律进行了深刻阐释："我国全过程人民民主实现了过程民主和成果民主、程序民主和实质民主、直接民主和间接民主、人民民主和国家意志相统一，是全链条、全方位、全覆盖的民主，是最广泛、最真实、最管用的社会主义民主。"② 因此，在全过程民主和全过程人民民主概念上没必要做出特别的区分。

全过程人民民主超越了西方的非全过程的选举民主。实际上，全过程人民民主的提出首先针对的便是西方的选举民主。上海虹桥街道基层立法联系点是全过程人民民主的首提地，而基层立法联系点又是实现立法民主化的平台：它通过信息采集点广泛搜集基层群众的意见和建议，并且通过座谈会将这些意见和建议直接传达到地方人大甚至全国人大，从而实现科学立法、民主立法。习近平总书记在听取了虹桥立法联系点的工作报告后，提出了我们的人民民主是一种全过程的民主，无论是立法还是政策制定，我们都是在广泛征集群众意见的基础之上进行的。这也就实现了对西方选举民主的超越。选举民主强调通过投票和选举实现民主，然而，仅仅通过选举程序无法保证政治领导人在赢得选举后，能够在法律制定和公共决策等方面代表公民的普遍利益。一旦选举结束，普通公民在政策过程方面能够施加的影响微乎其微。习近平总书记对这样的民主模式提出了批评："如果人民只有在投票时被唤醒、投票后就进入休眠期，只有竞选时聆听天花乱坠的口号、竞选后就毫无发言权，只有拉票时受宠、选举后就被冷落，这样的民主不是真正的民主。"③ 因此，西方的民主实际上是一种单过程的选民民主，而我国的民主则是一种全过程的人民民主。④

实际上，对西方选举民主的批评并不是新鲜的话题。早在 19 世纪、20 世

---

① 习近平：《在庆祝中国共产党成立 100 周年大会上的讲话》，人民出版社 2021 年版，第 12 页。

② 习近平：《论坚持人民当家作主》，中央文献出版社 2021 年版，第 336 页。

③ 习近平：《论坚持人民当家作主》，中央文献出版社 2021 年版，第 336 页。

④ 佟德志：《全过程人民民主与人类政治文明新形态》，《当代世界与社会主义》2022 年第 2 期。

纪，西方资本主义民主发展之际，马克思主义经典作家就对资本主义民主提出了批评。其一，从阶级属性的角度来分析。马克思主义坚持历史唯物主义，其中一条基本原理就是"经济基础决定上层建筑"。资本主义社会实行生产资料私有制。根据马克思主义的基本原理可知，对生产资料的占有必然导致对国家政权的垄断。这是因为在生产资料私人占有的过程中，主要的生产资料都会被少数资本家掌控，而资本家对生产资料的占有就必然导致了国家政权被垄断的问题。所以，如果不解决私有制问题，真正的民主就不可能实现。其二，从选举制、议会制的角度来分析。马克思曾批评资产阶级的民主制，实际上就是"每三年或六年决定一次由统治阶级中什么人在议会里当人民的假代表。"① 列宁也曾揭露西方资产阶级议会制压迫和剥削的本质："每隔几年决定一次由统治阶级中什么人在议会里镇压人民、压迫人民，——这就是资产阶级议会制的真正本质，不仅在议会制的立宪君主国内是这样，而且在最民主的共和国内也是这样。"② 总而言之，资本主义民主实际上并没有超越资产阶级统治的阶级本质。后来学术界也对资本主义民主进行了批判，包括金钱政治等弊病，也都跟这两个问题有关。正是因为资本家实现了对生产资料的占有，他们当然也会用资本来控制政府、运作政治。

　　既然选举民主的弊病由来已久，那么全过程人民民主到底还要不要民主选举？或者说民主选举又和全过程人民民主有着怎样的关系呢？有些人可能会认为，西方的民主是唯选举主义的，而我们的民主是全过程的，因此我们的民主就不需要选举。实际上，这也是前面提到的一种民主误解。在任何一个现代国家，由于国土面积、人口规模、专业素养等各方面原因，人民是无法直接行使国家权力的。早在17、18世纪，法国著名思想家孟德斯鸠就曾指出："在一个自由国家里，每个人都被认为具有自由精神，因而应该自己管理自己，所以，立法权应该由全体人民执掌。但是，这在大国是不可能的，在小国也有许多不便，因此，人民应该让他们的代表来做他们自己不能做的事。"③ 法国思想家卢梭也强调："就民主制这个名词的严格意义而言，真正

---

① 《马克思恩格斯选集》第3卷，人民出版社2012年版，第100页。
② 《列宁选集》第3卷，人民出版社2012年版，第150页。
③ ［法］孟德斯鸠：《论法的精神》，许明龙译，商务印书馆2012年版，第189页。

的民主制从来就不曾有过，而且永远也不会有……我们不能想象人民无休无止地开大会来讨论公共事务。"① 因此，后来的思想家和政治家们提出用代议制、选举制来解决人民无法直接行使权力的问题，其中最具代表性的人物便是约翰·密尔②。由此，代议制和选举制开始广泛地应用于各个国家。

在民主政治的发展过程中，我国历来也非常重视民主选举。一方面，我国公民的选举权和被选举权是由宪法明确规定并保护的。另一方面，在全过程人民民主的链条中，民主选举也是被放在首位的。早在2005年，时任中共浙江省委书记的习近平同志就提出："民主选举仅仅是民主政治的第一步。"③在这里，习近平同志用了"仅仅"这个词来表明民主选举并非民主政治的全部，同时也说明了民主选举是民主政治上的重要环节，而且是第一个环节。因此，选举之于民主依然是必要的。在中央人大工作会议上，习近平总书记就提出："评价一个国家政治制度是不是民主的、有效的，主要看国家领导层能否依法有序更替……"④ 由此可见，要建设中国特色社会主义民主政治，依然要建立并完善民主选举机制。

除了民主选举，全过程人民民主还涵盖了民主协商、民主决策、民主管理和民主监督四个链条，这也构成了全过程人民民主的相对优势。以上五个环节相互补充、相互支持，共同维持着人民民主的全过程性。而在西方的单过程选民民主的状态下，民主主要集中于选举期间。因此，西方民主是一种间歇性、阶段性的民主。相比之下，全过程人民民主在本质上已经超越了西方资本主义的唯选举主义的民主，弥补了"非全过程民主"的某些缺陷。西方将民主简单化为选举和投票，在选举结束后，民主就进入了休眠期。而在全过程人民民主体制下，民主不再是"一次性消费行为"。⑤ 全过程人民民主不仅有民主选举，还有民主协商、民主决策、民主管理、民主监督，这些链条和环节都贯彻了民主的原则，体现了民主的精神。同时，无论是在选

① ［法］卢梭：《社会契约论》，何兆武译，商务印书馆2003年版，第84页。
② ［英］J. S. 密尔：《代议制政府》，汪瑄译，商务印书馆1982年版。
③ 习近平：《干在实处走在前列——推进浙江新发展的思考与实践》，中共中央党校出版社2016年版，第382页。
④ 习近平：《论坚持人民当家作主》，中央文献出版社2021年版，第336页。
⑤ 桑玉成：《发展全过程人民民主需要深入研究的若干基础性问题》，《探索与争鸣》2022年第4期。

举期间，还是在选举结束后，无论是在"立法决策中"，还是在"立法决策前"和"立法决策后"，民主都可以贯穿国家政治和社会生活的始终。尽管在不同的阶段，民主实践的侧重点可能有所不同，但民主的要求始终存在。也正因如此，全过程人民民主具有时间上的持续性和多环节的连续性。①

既然全过程人民民主实现了对西方选举民主的超越，我们又该如何实现全过程人民民主呢？要实现全过程人民民主，就要区分清楚三个层面的命题，即价值性命题、解释性命题和操作性命题，这三个层面的命题是相互联系、相互影响并相互促进的。② 无论是在庆祝中国共产党成立 100 周年大会上，还是在中央人大工作会议上，习近平总书记的讲话都涉及了价值性命题、解释性命题和操作性命题。在中央人大工作会议上，习近平总书记提出："民主是全人类的共同价值，是中国共产党和中国人民始终不渝坚持的重要理念。"③ 这就是典型的全过程人民民主的价值性命题。这一价值性命题表明了中国共产党和中国人民一如既往的价值追求，同时指明了中国民主政治的未来发展方向。

在价值性命题确定以后，还要进一步解释如何推进民主政治建设。这便涉及了民主的解释性命题。在中央人大工作会议上，习近平总书记还提出了"八个能否"作为评价一个国家的政治制度是否民主、有效的基本标准："国家领导层能否依法有序更替，全体人民能否依法管理国家事务和社会事务、管理经济和文化事业，人民群众能否畅通表达利益要求，社会各方面能否有效参与国家政治生活，国家决策能否实现科学化、民主化，各方面人才能否通过公平竞争进入国家领导和管理体系，执政党能否依照宪法法律规定实现对国家事务的领导，权力运用能否得到有效制约和监督。"④ 这就是典型的全过程人民民主的解释性命题，它深刻地阐释了全过程人民民主的重要内涵，

---

① 桑玉成：《拓展全过程民主的发展空间》，《探索与争鸣》2020 年第 12 期。
② 桑玉成：《发展全过程人民民主需要深入研究的若干基础性问题》，《探索与争鸣》2022 年第 4 期。
③ 习近平：《论坚持人民当家作主》，中央文献出版社 2021 年版，第 335 页。
④ 习近平：《论坚持人民当家作主》，中央文献出版社 2021 年版，第 335 页。

同时也为全过程人民民主的实践操作奠定了重要的理论基础。

在三大命题中，操作性命题是最为关键的。我们能否解决好操作性命题，直接决定了价值性命题、解释性命题能否实现。实际上，民主具有很强的实践性价值，同时民主也只有能够操作、能够实践，才能得到真正意义上的体现。在中央人大工作会议上，习近平总书记还提出了"四个要看……更要看……"作为衡量一个国家民主不民主的基本原则："要看人民有没有投票权，更要看人民有没有广泛参与权；要看人民在选举过程中得到了什么口头许诺，更要看选举后这些承诺实现了多少；要看制度和法律规定了什么样的政治程序和政治规则，更要看这些制度和法律是不是真正得到了执行；要看权力运行规则和程序是否民主，更要看权力是否真正受到人民监督和制约。"① 这就是典型的全过程人民民主的操作性命题，它清晰地指明了全过程人民民主在实践中应当如何操作、如何落实。

具体来看，操作性命题包含三个含义。首先，需要将价值性问题转换为解释性命题，并且进而转化为操作性命题。其次，需要通过对操作性命题的探讨，找到全过程人民民主可操作、可实践的领域和方面，使民主更具操作性和实践性，使民主的价值性命题和解释性命题得到现实性的体现。最后，在实质意义上推进我国民主政治的发展中，恰恰是民主的操作性命题提出了很多新的问题和新的任务。

就民主的操作性命题而言，如何才能使民主真正具有操作性、实践性，应从以下三个方面入手。第一，所有的参与者，即所有的政治行为人，应具有良好的民主信仰和民主素养。政治行为主体良好的民主信仰和民主素养是民主得以实践、得以操作的基本前提。在过去很长一段时间里，很多人都认为民主是个很复杂的问题，但其实民主问题并不复杂。假如我们到街头进行随访。不管被随访者何种学业背景、职业背景，当我们向他询问什么是民主时，相信大多数人是可以说出一点道理的。如果我们随访十个人，并且把这十个人的主要观点汇总一下，甚至可以超越政治学领域的专业人士。一般来说，对于政治行为人的要求肯定高于那些街头被随访者。对政治行为人而言，

---

① 习近平：《论坚持人民当家作主》，中央文献出版社 2021 年版，第 335—336 页。

问题的关键不在于民主是否复杂或者是否知晓民主，而是是否愿意实践民主。而实践民主的意愿同行为人的民主素养和民主信仰有关。

第二，要想使民主真正具有操作性、实践性，必须要遵循一些基本原则。一是多数原则。民主的最基本、最核心的要义就是民意的政治，人民的意志在政治生活当中占据了主导地位。而作为政治意义上的民意，一定是多数人的整合意志。所以在政治过程中，民主要求始终按照多数人的整合意志来决定是否做出行为。二是认同性原则。在政治过程中，认同性是一个非常重要的理念。古希腊思想家亚里士多德曾经说过，有一条适合一切政体的公理，即"一个政体如果要达到长治久安的目的，必须使全邦各部分（各阶级）的人民都能参加而怀抱着让它存在和延续的意愿"[1]。这可以被看作关于认同性的最早表述。这种认同性应该得到督促。三是妥协原则。这要求政治行为人要做好妥协和宽容的思想准备。道理很简单，民主本质上是排斥独断专行的，而一个领导者能够避免独断专行的最为显著的特征就在于他能够倾听并吸纳不同的意见，或者说当他同其他人的意见不合时，能够以妥协的立场来对待他人。

第三，需要找准操作性民主的若干重要领域，使民主的价值性命题、解释性命题和操作性命题得到完整的统一，进而实质性地推动人民在政治生活、民主生活方面的获得感、幸福感和满意感。从目前的情况来看，可以从决策体制、干部选任制度、财政制度和基层民主四个领域推进全过程人民民主建设。[2]

其一，决策体制主要涉及的是公共政策的决策问题。在党的十九届六中全会上，习近平总书记提出："民主不是装饰品，不是用来做摆设的，而是要用来解决人民需要解决的问题的。"[3] 特别是面临重大的社会问题，就像疫情防控政策问题，涉及了每一个人的生命安全，这就要求我们运用全过程人民民主的理念和方法去解决。全过程人民民主的公共决策强调集体讨论，而非"一言堂"和"一刀切"。实际上，早在民国时期，孙中山先生就充分关注了

---

① ［古希腊］亚里士多德：《政治学》，吴寿彭译，商务印书馆1965年版，第89页。
② 桑玉成：《拓展全过程民主的发展空间》，《探索与争鸣》2020年第12期。
③ 习近平：《论坚持人民当家作主》，中央文献出版社2021年版，第335页。

民主的会议讨论规则。孙中山先生撰写的《建国方略》是由三大方略组成的，即《孙文学说》《实业计划》和《民权初步》。其中，《民权初步》是孙中山先生根据罗伯特议事规则和中国现实改编而来的。在孙中山先生看来，民主的基本要义就是程序问题，而程序问题最主要体现在如何开会这个问题上。能否通过正当的会议来决定公共事务，是民主政治最基本的问题。议事规则有两个重要方面需要把握：一是到底怎样的议题、经过怎样的程序才能进入决策议程；二是进入决策议程讨论的问题，又应当经过怎样的程序进行决定。①

今后，我国决策体制改革应当充分重视"制度"的作用。议事议题应建立在普遍性和公共性的意义上，而不能是私利性的议题；会议过程中，参与主体应摈弃层级差异，作为平等的主体获取信息、参与议事；明确什么组织用什么规则，什么规则议什么事情；决策过程应严格遵循既定的议事规则及程序；切实落实决策的追责问责机制等。②

其二，干部选任制度。改革开放以来，尤其是从20世纪80年代中期开始，无论是党和政府，还是学术界都深刻地认识到，干部制度需要改革。在80年代中期以后，学术界有两个问题讨论得比较多，一个是政府职能，另一个就是干部制度。干部选任制度经过了三四十年的讨论、探索和研究，迄今为止应该说还有很多思考和发展的空间。例如，任何一个组织都会面临人员更替的问题，当单位部门的老领导退休后，需要由新人来接替其职位，究竟什么人有资格通过什么程序提出让某个人接替这个岗位，在这方面缺少一个严格并且严谨的制度规定。

因此，我国当下的干部选任制度仍然存在着改革的课题。首先，需要从政治学、社会学、伦理学和管理学等多个学科领域加强对干部选任制度的综合研究，增强对新时代干部制度改革和发展的系统思考和顶层设计；其次，确立干部选任制度的问题意识；再次，解决好干部选任的初始提名、干部分类管理以及干部条件的把握等关键问题，改变选任干部重形式条件而轻实质

---

① 桑玉成、张彦青：《领导体制中的议事规则研究》，《江苏行政学院学报》2018年第6期。
② 桑玉成：《任重道不远：国家治理体系亟待研究的若干重要问题》，《中国浦东干部学院学报》2021年第5期。

条件的状况；最后，推动从"以官选官、以人选人"模式到"以制度选人、以程序选人"模式的转变。①

其三，财政制度。财政制度是政治学研究的重要内容。早在 2013 年，习近平总书记就曾在中共十八届三中全会上明确提出："财政是国家治理的基础和重要支柱，科学的财税体制是优化资源配置、维护市场统一、促进社会公平、实现国家长治久安的制度保障……随着形势发展变化，现行财税体制已经不完全适应合理划分中央和地方事权、完善国家治理的客观要求，不完全适应转变经济发展方式、促进经济社会持续健康发展的现实需要，我国经济社会发展中的一些突出矛盾和问题也与财税体制不健全有关。"② 因此，财税体制改革构成了我国全面深化改革的重要内容。而全过程人民民主理念的提出也为我国的财政体制改革提供了启发。实际上，公共财政在应用于公共事业的过程中也涉及民主化的问题。当下，学术界亟须思考如何运用全过程人民民主理念推动中国财政制度的发展和完善。

目前，我国的财政制度依然存在问题。财政制度改革要进一步增强财政部门的独立性，强化人大对财政的领导地位，改变现有财政的治权分配。此外，在社会层面，为提高财政预算决策的科学化和民主化水平，一方面，我们要注重培养该领域的专业人才，另一方面，我们还要确保财政预算的公开和透明，切实保障公民的知情权、参与权和监督权，积极探索公民参与财政预算的可行路径。

其四，基层民主。多年来，我国在基层民主的实践和探索方面积累了丰富的经验。实际上，想要提高人民群众的政治生活、民主生活的获得感、满意度、幸福感，首先要解决好人民群众身边的问题。基层社会的民主化建设对于国家的民主政治建设和人民的民主素养培育都是非常重要的。同时，基层社会的稳定也会对国家秩序的稳定产生重要的影响。

近年来，基层民主有许多的实践发展，同时也总结出了许多的地方模式。但是，已有的基层民主仍然存在局限性，需要进一步拓展发展空间。具体来

---

① 桑玉成：《干部选任：关键环节及其关键问题》，《探索与争鸣》2017 年第 11 期。
② 《习近平谈治国理政》第 1 卷，外文出版社 2018 年版，第 80 页。

看，这些局限性包括：主要集中在非政权领域，包括村民自治、居民自治、业主委员会、职代会等模式都属于非政权领域；层级和范围都非常有限，层级主要是乡镇及以下级别，民主决议的范围也十分有限；重权力的获得而轻权力的运行等。[①] 根据党的第二个百年目标愿景，根据全过程人民民主的理念和精神，未来的基层民主要积极拓展发展空间，主要包括权力空间、行政空间和社会空间三个方面，其中，权力空间涉及程序意义上的民主选举问题，行政空间涉及基层民主发展的行政层级问题，社会空间涉及社会主体在基层民主实践中的作用问题，最终要实现基层民主从社会领域转向政权领域，从村级民主转向乡镇及县级政府层级的民主，从重权力的获得转向"五个民主链条"的均衡发展。[②]

---

① 桑玉成、梁海森：《从基层民主的发展空间看县政治理的取向》，《社会科学》2017 年第 12 期。
② 桑玉成：《拓展全过程民主的发展空间》，《探索与争鸣》2020 年第 12 期。

发展全过程人民民主，推动新时代民主政治建设

王炳权[*]

---

* 王炳权，中国社会科学院政治学研究所副所长、研究员，《政治学研究》编辑部主任、副主编，同时担任中国社会科学院大学政府管理学院教授、博士生导师，兼任中国政治学会秘书长、青年工作专业委员会会长。正在主持国家社科基金重大项目"习近平总书记关于发展全过程人民民主重要论述研究"。

◎ 内容摘要

摘要：习近平总书记有关全过程人民民主的重要论述逻辑自洽、内涵丰富。习近平总书记在民主价值上强调了民主一般性与特殊性的统一，民主理论上提出了衡量一个国家政治制度是否民主的"四个要看、更要看""八个能否"标准；民主实践上要求贯彻"三个具体地、现实地体现"，不断健全民主"五环节"，聚焦解决具体现实问题。全过程人民民主的提出是回应百年未有之大变局、中华民族伟大复兴战略全局"两个大局"时代背景的需要，是响应实现第二个百年目标、满足人民对美好政治生活的向往，以及建设人类政治文明新形态的要求。当前，党的领导不断加强、民主建设不断提高、法治建设不断推进、政府职能调整不断优化、权力制约机制不断完善，这为进一步发展全过程人民民主提供了现实基础。

关键词：全过程人民民主；习近平；新时代；民主政治建设

◎ 结 构 摘 要

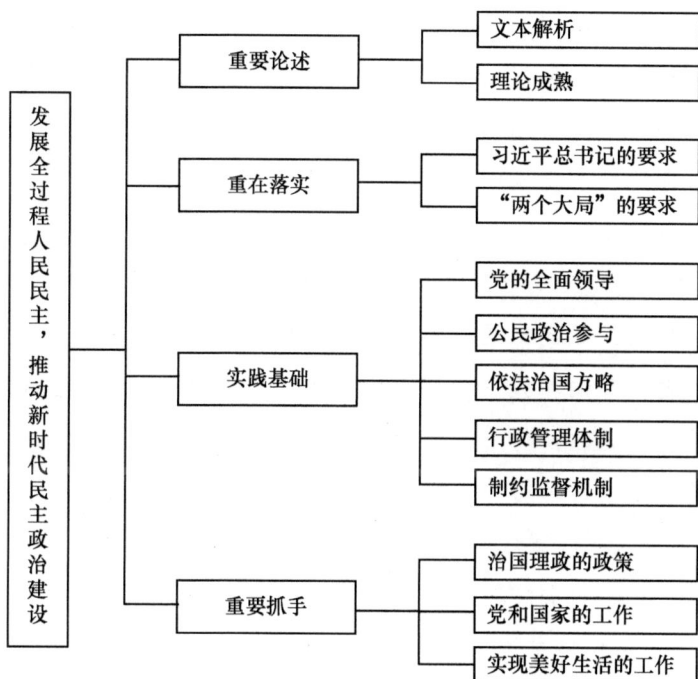

发展全过程人民民主，推动新时代民主政治建设

- 重要论述
  - 文本解析
  - 理论成熟
- 重在落实
  - 习近平总书记的要求
  - "两个大局"的要求
- 实践基础
  - 党的全面领导
  - 公民政治参与
  - 依法治国方略
  - 行政管理体制
  - 制约监督机制
- 重要抓手
  - 治国理政的政策
  - 党和国家的工作
  - 实现美好生活的工作

◎ 观点摘要

1. 在一般性层面上，民主是人类的共同价值，它不是少数国家的专利，而是各国人民的权利；在特殊性层面上，全过程人民民主集中表现在它是真民主，因为它能够做到"三全"，进而实现"四统一"，充分彰显中国民主的"三个最"。

2. 全过程人民民主重大理念的提出标志着新时代民主政治建设思想形成了逻辑的闭环，说明新时代民主政治建设思想作为习近平新时代中国特色社会主义思想的重要组成部分，已经实现了理论自洽和完善成熟。

3. 要聚焦解决具体的问题，要把解决人民美好生活的各个方面、经济社会发展的各个领域、社会主义现代化国家各个维度以及中华民族伟大复兴的各个阶段的一切重大问题，都纳入民主的实践过程中，给予全面的谋划、精准的施策，让人民真正看得见、摸得着、体会到人民民主之于人民利益、社会进步以及国家发展的全方位的保驾护航的意义。

4. 全过程人民民主重大理念实现了价值表达、理论阐释、实践话语三方面的比较完满的统一，每一方面都得到了提升和确认。

5. 价值和解释的工作应让位于实践性问题的思考，我们需要集中讨论全过程人民民主可操作性的途径，思考如何让人民当家作主的价值真正落地，使理论的阐释和实践的成果之间能够相互印证。

6. 在新时代，"摸着石头过河"的实践所积累的经验，已经向我们提供了从实践中得来的一系列理论认知，我们已走向了顶层设计的时代。现在是要把这些理论认知整体性贯彻下去以及探索具体的贯彻方式的时代。

7. 社会主义的前途与命运，不是单靠推动经济发展和创造社会财富所定义的，更为重要的恰恰在于，能不能开天辟地地创设一个基于社会主义基本方向和基本原则的人类政治文明新形态。

8. 当前，中国特色社会主义进入了新时代，我们要牢牢把握人民群众对美好生活的向往，把以人民为中心贯彻到治国理政全部活动之中，做到发展为了人民、发展依靠人民、发展成果由人民共享，更好增进人民福祉，更好发展中国特色社会主义事业，更好推动人的全面发展、社会全面进步。

发展全过程人民民主，推进新时代民主政治建设，是一个宏大的研究课题。其中最为关键的是如何使习近平总书记"发展全过程人民民主"的要求落到实处。围绕这一主题，本文将从四个部分展开。首先，通过对习近平总书记有关全过程人民民主论述的文本进行简要分析，发现其重点是"落实"。其次，习近平总书记着重强调民主的发展和建设，借此本文进一步具体分析推进全过程人民民主是急不得、也是等不得的大事，即探索落实全过程人民民主为何必要而且重要。再次，新时代的民主政治建设正在进行中，全过程人民民主重大理念已付诸实践，有必要深入分析推进全过程人民民主的实践基础，思考民主政治建设的现实资源。最后，围绕习近平总书记提出的"三个具体地、现实地体现"的要求，分析如何更好落实和发展全过程人民民主。总思路是，通过研究习近平总书记全过程人民民主直接论述和相关论述，讨论如何进一步发展全过程人民民主，探索推进新时代民主政治建设的可行抓手和切入点。

一 习近平总书记对全过程人民民主的重要论述

有关全过程人民民主的研究、宣传和阐释正如火如荼进行。回望一段时间以来的研究，我们有必要从各自的路径依赖中跳出来，重回原点，再次审视我们的研究对象和成果，或可发现一些研究偏误、认识教条，或可修正研究方向，发掘新的知识增长点。从这一角度出发，回到习近平总书记相关论述的文本是一件比较有意义的工作。

（一）主要文本解析：经验总结、理论阐释、工作要求

习近平总书记对全过程人民民主的直接论述虽不多，但逻辑清晰、论断鲜明，既有实践经验的总结，又有进一步的理论概括和工作部署要求，环环相扣，结构非常完整。

2019 年 11 月 2 日，习近平总书记考察上海市长宁区虹桥街道古北市民中心时，基于立法实践各个环节上的民主实践提出："我们走的是一条中国特色社会主义政治发展道路，人民民主是一种全过程的民主，所有的重大立法决策都是依照程序、经过民主酝酿，通过科学决策、民主决策产生的。"① 这是第一次把全过程和人民民主联系起来。

2021 年 7 月 1 日，习近平总书记在"七一"讲话中明确提出要"发展全过程人民民主"②。这是对上海市长宁区虹桥街道古北市民中心基层立法点考察时提出的"人民民主是一种全过程的民主"论断的进一步发展和完善，但此时对于"全过程人民民主"还未作出清晰界定和系统分析。

2021 年 10 月 13 日，在中央人大工作会议上，习近平总书记把全过程人民民主的提出归为"对民主政治发展规律的认识"，这是历史回顾和实践观察双重透视的结果，即把对全过程人民民主的认识拉长到党的十八大以来的近十年历史，延申至民主实践扩展到整个治国理政的实践过程。习近平总书记指出："党的十八大以来，我们深化对民主政治发展规律的认识，提出全过程人民民主的重大理念。全体人民依法实行民主选举、民主协商、民主决策、民主管理、民主监督，依法通过各种途径和形式管理国家事务，管理经济和文化事业，管理社会事务。"同时，"我国全过程人民民主不仅有完整的制度程序，而且有完整的参与实践。我国实行工人阶级领导的、以工农联盟为基础的人民民主专政的国体，实行人民代表大会制度的政体，实行中国共产党领导的多党合作和政治协商制度、民族区域自治制度、基层群众自治制度等基本政治制度，巩固和发展最广泛的爱国统一战线，形成了全面、广泛、有机衔接的人民当家作主制度体系，构建了多样、畅通、有序的民主渠道"③。这一段论述是全部论述的核心，表明全过程人民民主是党的十八大以来民主政治建设的经验总结和理论提升，这两部分说明人民有实质性的当家作主的

---

① 《习近平：中国的民主是一种全过程的民主》，中华人民共和国中央人民政府网：http://www.gov.cn/xinwen/2019－11/03/content_5448083.htm。

② 习近平：《在庆祝中国共产党成立 100 周年大会上的讲话》，《人民日报》2021 年 7 月 2 日第 2 版。

③ 习近平：《坚持和完善人民代表大会制度 不断发展全过程人民民主》，《人民日报》2021 年 10 月 15 日第 4 版。

实践和制度渠道。

基于充分的民主实践和绩效，习近平总书记提出了两个重大论断：一是"民主是人类的共同价值"；二是"我国全过程人民民主实现了过程民主和成果民主、程序民主和实质民主、直接民主和间接民主、人民民主和国家意志相统一，是全链条、全方位、全覆盖的民主，是最广泛、最真实、最管用的社会主义民主。"① 这两个论断是对全过程民主做出的进一步理论阐释，解释了民主的一般性和特殊性。在一般性层面上，民主是人类的共同价值，它不是少数国家的专利，而是各国人民的权利；在特殊性层面上，全过程民主集中表现在它是真民主，因为它能够做到"三全"，进而实现"四统一"，充分彰显中国民主的"三个最"。这样的阐释链条，言简意赅地把握了全过程人民民主的中国特质。尽管篇幅较短，但意蕴深刻。比如过程民主和成果民主、人民民主和国家意志，这两个统一，就是全新的判断。应该说这两个论断，把全过程人民民主以及整个中国特色社会主义民主实践特别是党的十八大以来的民主理论与实践创新，描摹得极为清晰。

同时，习近平总书记对如何落实全过程人民民主也提出了明确要求。习近平总书记指出：

> 新的征程上，我们必须紧紧依靠人民创造历史，坚持全心全意为人民服务的根本宗旨，站稳人民立场，贯彻党的群众路线，尊重人民首创精神，践行以人民为中心的发展思想，发展全过程人民民主，维护社会公平正义，着力解决发展不平衡不充分问题和人民群众急难愁盼问题，推动人的全面发展、全体人民共同富裕取得更为明显的实质性进展！②
> ——2021年7月1日，习近平总书记在庆祝中国共产党成立100周年大会上的讲话

> 我们要继续推进全过程人民民主建设，把人民当家作主具体地、现

---

① 习近平：《坚持和完善人民代表大会制度 不断发展全过程人民民主》，《人民日报》2021年10月15日第4版。
② 习近平：《在庆祝中国共产党成立100周年大会上的讲话》，《人民日报》2021年7月2日第2版。

实地体现到党治国理政的政策措施上来，具体地、现实地体现到党和国家机关各个方面各个层级工作上来，具体地、现实地体现到实现人民对美好生活向往的工作上来。①

——2021 年 10 月 13 日，习近平总书记在中央人大工作会议上的讲话

人民代表大会制度是实现我国全过程人民民主的重要制度载体。要在党的领导下，不断扩大人民有序政治参与，加强人权法治保障，保证人民依法享有广泛权利和自由。要保证人民依法行使选举权利，民主选举产生人大代表，保证人民的知情权、参与权、表达权、监督权落实到人大工作各方面各环节全过程，确保党和国家在决策、执行、监督落实各个环节都能听到来自人民的声音。②

——2021 年 10 月 13 日，习近平总书记在中央人大工作会议上的讲话

必须坚持以人民为中心的发展思想，发展全过程人民民主，推动人的全面发展、全体人民共同富裕取得更为明显的实质性进展。③

——2021 年 11 月 11 日，中共十九届六中全会通过的《中共中央关于党的百年奋斗重大成就和历史经验的决议》

这些文本罗列了习近平总书记对如何落实全过程人民民主提出的要求，它包括两个层次：一是总要求，即"三个具体地、现实地体现到"。二是要取得实效，即不断扩大人民有序的政治参与，维护社会公平正义，着力解决发展不平衡不充分问题，着力解决人民群众急难愁盼问题，以及推动人的全面发展，实现共同富裕，取得更为明显的实质性进展五个方面。可以说，习近平总书记的相关论述，对于如何发展全过程人民民主的要求是清晰的，边

---

① 习近平：《坚持和完善人民代表大会制度 不断发展全过程人民民主》，《人民日报》2021 年 10 月 15 日第 4 版。

② 习近平：《坚持和完善人民代表大会制度 不断发展全过程人民民主》，《人民日报》2021 年 10 月 15 日第 4 版。

③ 《中共中央关于党的百年奋斗重大成就和历史经验的决议》，人民出版社 2021 年版，第 24 页。

界是明确的，问题讲得是清楚的。

（二）重大理念标志着新时代民主政治建设思想形成逻辑闭环

全过程人民民主重大理念的提出标志着新时代民主政治建设思想形成了逻辑的闭环，说明新时代民主政治建设思想作为习近平新时代中国特色社会主义思想的重要组成部分已经实现了理论自洽和完善成熟。

1. 规律性总结

从习近平关于全过程人民民主的基本论述的文本中可以看出，相关论述有一个不断深化、不断抽象的过程。在考察上海全国人大基层立法联系点时，习近平总书记首次提及"人民民主是一种全过程的民主"。在"七一"讲话中，"全过程人民民主"概念第一次出现。在中央人大工作会议上，习近平总书记强调，党的十八大以来，我们深化对民主政治发展规律的认识，提出全过程人民民主的重大理念。从这一论述顺序中可以发现，"全过程人民民主"重大理念的提出，既是相关论述的升华，更是对党的十八大以来我国民主政治发展的规律性总结。

这一规律性的总结，以历史逻辑、理论逻辑、实践逻辑为支撑，不是横空出世的全新的东西。对于全过程人民民主重大理念的三个逻辑，学界已推出若干研究成果。但是，学界对全过程人民民主的研究和宣传，还存在一定程度上的误解、误区，即把理论创新与马克思主义认识论割裂开来了，不在一脉相承的基础上来谈创新，而是脱离实事求是的原则进行不必要的拔高。结果导致某种程度上学界作出的理论阐释，在读者或是听众的那里变成了一栋难以触及的空中楼阁。我们研究者需要在实事求是这一方面下功夫，回到习近平总书记对全过程人民民主的论述，这一概念的提出是对既往民主理论与实践的总结，不是没有根基的概念演绎，这一概括是对中国特色社会主义民主政治建设，特别是对中国特色社会主义进入新时代之后，民主政治建设的一种规律性的概括和提升。

2. 理论认识上的跃升

全过程人民民主重大理念是对新时代民主政治建设思想的承上启下和综合创新，这一总结实现了中国特色社会主义民主理论与实践在新时代的逻辑闭环。它的逻辑完整性体现在：第一，有明确的价值表达。第二，有推陈出新的理论阐释。第三，有清晰的实践要求。

在价值表达方面，强调一般性与特殊性的统一。全过程人民民主强调民主是人类共同价值的同时，也重视自己的特殊性，这一特殊性集中体现为以人民为中心和坚持人民当家作主。人民是国家的主人，享有参与管理国家和社会的权利。此前，我们虽然承认民主作为人类的共同价值，但更强调中国民主的特殊性，没有像习近平总书记那样明确指出民主是人类的共同价值。事实上，在民主一般性问题上，我们在相当长的时间内是回避的。而出现这一问题的原因可追溯为，怕堕入"普世价值"陷阱，怕与世界民主进程割裂，所以导致在民主理论阐释上，我们采取了相对保守和被动的形式。我们以"几个决不"来划界，这就造成了我们的民主理论在话语表达上自治性不强、说理性不够，这是一种游移的态度和谨慎的操作手法，反映在实践当中也往往出现文不对题、自行其是的问题。简言之，我们在民主实践上出现了一些不应该出现的欠账。习近平总书记的论述揭示并弥补了这一不足。

在理论阐释方面，除了上述我们谈到的"三全""四统一"等，习近平总书记的相关论述还有很多，比如：他提到"四个要看、更要看""八个能否"等。这些论断讲得非常清楚和到位。

"四个要看、更要看"是检验人民民主真实性的标准。习近平总书记强调："一个国家民主不民主，关键在于是不是真正做到了人民当家作主，要看人民有没有投票权，更要看人民有没有广泛参与权；要看人民在选举过程中得到了什么口头许诺，更要看选举后这些承诺实现了多少；要看制度和法律规定了什么样的政治程序和政治规则，更要看这些制度和法律是不是真正得到了执行；要看权力运行规则和程序是否民主，更要看权力是否真正受到人民监督和制约。"[①] 这不但重申了真实性是衡量民主的基本标准，而且清楚地指明了如何判断民主真实性的基本条件。

"八个能否"是衡量一个国家政治制度是否民主和有效的标准。习近平

---

① 《习近平谈治国理政》第 4 卷，外文出版社 2022 年版，第 259 页。

总书记指出："评价一个国家政治制度是不是民主的、有效的，主要看国家领导层能否依法有序更替，全体人民能否依法管理国家事务和社会事务、管理经济和文化事业，人民群众能否畅通表达利益要求，社会各方面能否有效参与国家政治生活，国家决策能否实现科学化、民主化，各方面人才能否通过公平竞争进入国家领导和管理体系，执政党能否依照宪法法律规定实现对国家事务的领导，权力运用能否得到有效制约和监督。"①

这些重要的理论阐释既讲清了中西民主的本质区别，又为我们民主政治实践提供了可靠标准。目前我们在研究、宣传、阐释过程中，往往只讲总书记的"四个要看、更要看"，而忽视了"八个能否"，试图说明我们和西式民主之间的区别，来证明我们国家民主制度的有效性、优越性。实际上，对习近平总书记相关论述更为全面的理解还应当有另外一方面，也就是说"四个要看、更要看"之外，还有"八个能否"也是对我们政治实践的一个检验标准，这一点可能更为重要。

在实践话语方面，对如何推进民主实践，习近平总书记的论述有明确的要求和安排。要求体现在"必须坚持人民主体地位，坚定不移走中国特色社会主义政治发展道路，健全民主制度，丰富民主形式，拓宽民主渠道，依法实行民主选举、民主协商、民主决策、民主管理、民主监督，使各方面制度和国家治理更好体现人民意志、保障人民权益、激发人民创造，确保人民依法通过各种途径和形式管理国家事务，管理经济文化事业，管理社会事务"②。具体安排体现在，要聚焦解决具体的问题，要把解决人民美好生活的各个方面、经济社会发展的各个领域、社会主义现代化国家各个维度以及中华民族伟大复兴的各个阶段的一切重大问题，都纳入民主的实践过程中，给予全面的谋划、精准的施策，让人民真正看得见、摸得着、体会到人民民主之于人民利益、社会进步以及国家发展的全方位的保驾护航的意义。

可以说，全过程人民民主重大理念实现了价值表达、理论阐释、实践话语三个方面的比较完满的统一，每一方面都得到了提升和确认。这就是新时

---

① 《习近平谈治国理政》第 4 卷，外文出版社 2022 年版，第 258 页。
② 《十九大以来重要文献选编》（中），中央文献出版社 2021 年版，第 275 页。

代我们民主政治建设的顶层设计，全过程人民民主形成了一个完整的逻辑闭环，为新时代民主政治建设指明了方向。所谓逻辑闭环，它意味着理论的彻底性，应该说，随着全过程人民民主重大理念的提出，我们党对新时代民主政治建设的认识形成了严密的逻辑。在中国特色社会主义的理论与实践体系中，从某种程度上说，民主问题的理论与实践在新时代的定型，它的要求就更为强烈了。那么全过程人民民主重大理念的提出恰逢其时，就是回应定型要求的一个答案。

从学界目前取得的成果来看，一段时间以来，我们的研究更多聚焦于价值和理论这两个层面的阐释上，在实践层面的考虑稍显不充分、不到位。我们现在的研究与全过程人民民主的要求还有一定差距。我们现在的任务就是要缩短这种差距。价值和解释的工作应让位于实践性问题的思考，我们需要集中讨论全过程人民民主可操作性的途径，思考如何让人民当家作主的价值真正落地，使理论的阐释和实践的成果之间能够相互印证。从学术研究的角度来看，理论和实践相契合，可能在某种程度上存有难度，也有一定的风险，但是这样研究的意义更为重大，符合政治学作为治国理政之学的内在要求。

总的来说，全过程人民民主重大理念的提出，实现了价值表达、理论阐释、实践话语的逻辑闭环，是对党的十八大以来民主理论与实践规律性的高度总结和理论认知上的跃升。

二　全过程人民民主重在落实

（一）习近平总书记和中央的要求

从上述我们对习近平总书记有关全过程人民民主论述的回顾中，可以看到总书记论述的核心是"发展"，四个重要讲话中都突出对民主实践的强调。由此可见，习近平总书记对把全过程人民民主重大理念落到实处的要求是非常严格的。

在习近平总书记关于全过程人民民主的具体论述中，"发展全过程人民民主"是其论述的核心范畴。在"七一"讲话、中央人大工作会议、十九届六中全会等历次重要讲话中，习近平总书记都强调了"发展全过程人民民主"

这一鲜明的新时代民主政治建设的要求。可以说，发展全过程人民民主是新时代民主政治建设的总要求和总任务。今年我们即将迎来党的二十大，由此可推断在党的二十大的决议中，在安排部署未来五年政治建设任务时，也会重点强调发展全过程人民民主，并提出总体路径、工作部署和工作要求。

此外，值得重视的新近出版的重要文献《习近平谈治国理政》第4卷，其中第10部分的标题是"积极发展全过程人民民主"，具体涉及的人大、政协、民族、宗教、人权等方面内容包括了[①]2021年8月到2022年5月，习近平总书记的相关论述。这个结构安排和党的十八大报告、党的十九大报告中的有关政治建设部分的内容是相契合的。

（二）"两个大局"的要求

发展全过程人民民主是立足"两个大局"的需要。习近平总书记指出："领导干部要胸怀两个大局，一个是中华民族伟大复兴的战略全局，一个是世界百年未有之大变局。"[②] 从百年未有之大变局的角度看，张树华教授对中国之治和世界之乱的分析有借鉴意义。[③] 我们要创造人类政治文明新形态，这是中国之治的根本标志。从中华民族伟大复兴战略全局的角度看，佟德志教授提出的整体性发展观和复合发展论有启发性。[④] 中国特色社会主义进入新时代，是发展顶层设计的时代。改革开放以来，我们"摸着石头过河"，推动政治、经济、文化等领域的建设。在新时代，"摸着石头过河"的实践所积累的经验，已经向我们提供了从实践中得来的一系列理论认知，我们已走向了顶层设计的时代。现在是要把这些理论认知整体性贯彻下去以及探索具体的贯彻方式的时代。"五位一体"总体布局，"四个全面"战略布局，便是出于顶层设计的整体性的考虑。在全面建成小康社会之后，全过程人民民主

---

① 《习近平谈治国理政》第4卷，外文出版社2022年版，第243—278页。

② 《十九大以来重要文献选编》（中），中央文献出版社2021年版，第645页。

③ 张树华：《西式民主迷思与中国之治坦途》，《当代世界》2021年第12期；张树华：《"西方之乱"与"中国之治"——深刻理解40年来世界之变的政治脉络》，《经济导刊》2021年第12期。

④ 佟德志：《中国国家治理的复合体系与合力效应》，《政治学研究》2016年第5期；佟德志：《全面发展人民民主的复合结构与战略选择》，《政治学研究》2022年第1期；佟德志：《发挥全过程人民民主的合力效应》，《探索与争鸣》2022年第4期。

重大理念顺时而生。接续之前的整体性顶层设计的思路,全过程人民民主重大理念就是对民主政治建设在两个百年交汇期的特别顶层设计,在各个领域总体平衡的情况下,政治建设的任务更加重要和突出。在顶层设计的时代,政治建设在理论实践和战略战术上都具有引领性的地位。具体而言,有以下三个方面。

1. 实现第二个百年奋斗目标的要求

发展全过程人民民主重在实践,重在落实,它是实现第二个百年奋斗目标的要求。我们顺利实现了第一个百年愿景之后,迈向第二个百年的新征程已经开启。现在距离第二个百年为时不多,到 21 世纪中叶,我们就要建成富强、民主、文明、和谐、美丽的社会主义现代化国家,时间紧迫,重任在肩,民主政治建设时不我待。

第二个百年的宏伟目标强调的是富强、民主、文明、和谐、美丽。从具体的任务区隔来看,民主政治建设是其有机组成部分。但是从整体的百年奋斗目标来看,富强、民主、文明、和谐、美丽的每一项目标的达成都是政治发展的任务。换言之,第二个百年目标,从根本上讲就是总体性的政治建设的任务。所以说,实现百年目标我们要集中力量办大事,其中包括民主政治的建设,而从逻辑上讲民主政治建设要对其他目标的实现具有带动作用。因此,从这一角度可以理解为何习近平总书记反复强调发展全过程人民民主,这恰恰展示了在这样一个整体性的发展思路中,民主政治建设的举足轻重地位。整体性的发展目标,也是个政治发展的大目标,无论从子集还是从合集来看,政治建设都是极为突出的、关键的任务。

2. 满足人们对美好政治生活的向往的要求

对这一问题的解释,桑玉成教授的观点能够予以充分说明。桑教授认为解决基本矛盾的重要方面就是实现人们对美好政治生活的向往,美好政治生活意味着民主政治建设必须取得高绩效。[①] 党的十九大基于社会发展的客观实际,作出了社会主要矛盾发生变化的重要论断,提出了新时代的社会主要矛盾是人民美好生活与发展的不平衡不充分之间的矛盾。这表明,人民的需求已经

---

① 桑玉成:《发展全过程人民民主需要深入研究的若干基础性问题》,《探索与争鸣》2022 年第 4 期。

从"物质文化需求"提升到了"美好生活需求"。而这种"美好生活"不仅仅是在原有生活基础上的量的提升，更重要的是内涵上的拓展。正如党的十九大报告明确指出，"人民美好生活需要日益广泛，不仅对物质文化生活提出了更高要求，而且在民主、法治、公平、正义、安全、环境等方面的要求日益增长"[①]。因此，对于"美好政治生活"是"美好生活"重要组成部分这一论断，是符合党的基本文件精神要求的。再者，现代社会是一个高度政治化的社会，生活在一个有着良好政治秩序、安定团结的社会环境中是人民群众朴素的向往。

从当下发展来看，中国特色社会主义进入新时代以来的重要变化在于，人民群众赖以生存的政治环境和社会环境相较于物质环境可能更为重要。过去我们更加重视物质文化生活的改善，这可以从中央的精神和领导人对人民获得感和满意度的强调中看出。毫无疑问，我们确实取得了长足进步，实现了中国经济增长奇迹。但当我们经济发展进入新常态，人民对于经济繁荣的预期在降低，社会心理的焦虑指数在不断上升时，人民对于民主、法治、公平正义的需求可能更加迫切，相关敏感度可能更加突出。在此背景下，尽快落实全过程人民民主，就是人民对美好政治生活的向往这一需求的重要表达和反馈。

3. 建设人类政治文明新形态的要求

为什么说全过程人民民主的落实，是我们建设人类政治文明新形态的要求？没有民主就没有社会主义，就没有社会主义的现代化。这是改革开放以来全党全国人民达成的普遍共识。与此同时，我们不能忽视该论断的真理性在于：能不能在共产党的领导下建设社会主义的民主政治，这不仅是社会主义的本质要求，更是关系到社会主义政治前途命运的问题。

国际共产主义运动的严重挫折，已经深深地影响了社会主义民主的理论与实践。对中国而言，中国共产党如何带领中国人民将中国特色社会主义继续向前推进，用自己扎实的实际行动，用中国特色社会主义事业的实际成就，包括扎扎实实的民主政治建设的成就，来回应世界的观望、质疑乃至攻击，具有十分重大的现实意义。这需要我们把更多的精力放在拼民主实践的硬仗

---

① 《十九大以来重要文献选编》（上），中央文献出版社2019年版，第8页。

上，而不能仅仅以打嘴仗来代替打硬仗。当然，这并不是指我们没有打硬仗，没有推进民主实践，而是强调现阶段我们需要更加聚焦民主建设、民主实际，提升民主实效。

社会主义的前途与命运，不是单靠推动经济发展和创造社会财富所定义的，更为重要的恰恰在于，能不能开天辟地地创设一个基于社会主义基本方向和基本原则的人类政治文明新形态。一段时间以来，人类政治文明新形态的确是我们综合性的政治建设的主攻方向。只有建设出人类政治文明新形态，我们才能够在国际舞台的政治价值之争中，形成我们的话语权，从而提升我们的软实力。我们已经在路上了，但仍然是进行时，任重道远。社会主义民主政治建设只有在价值目标、理论优势、实践绩效上真正获得比较优势，实现了中国之治，人民政党、人民政权、人民政府、良法善治、民主、法治、公平、正义、安全等构成的人类政治文明新形态，切实落到实处，才是真正把对西式民主的比较优势落到实处的最重要的基础。我们虽有深厚的民主实践基础，但不能否认，我们的民主理论和实践之间的差距还是比较大的，这些差距构成积极发展全过程人民民主的努力方向。

三　发展全过程人民民主的实践基础

发展全过程人民民主有坚实的实践基础。习近平总书记在中央人大工作会议上的讲话指出，党的十八大以来，我们深化对民主政治发展规律的认识，提出全过程人民民主的重大理念。全体人民依法实行民主选举、民主协商、民主决策、民主管理、民主监督，依法通过各种途径和形式管理国家事务，管理经济和文化事业，管理社会事务。这充分说明，发展全过程人民民主这一要求有坚实的实践基础，符合历史和实践的逻辑。佟德志教授认为，民主与治理具有高度相关性，民主程度高的国家，治理效能一般也会比较高。①党的十九届六中全会指出，党的十八大以来，我们党办成了很多以前想而没

---

① 佟德志：《治理吸纳民主——当代世界民主治理的困境、逻辑与趋势》，《政治学研究》2019 年第2 期。

有办成的大事难事，这充分说明十年来我们取得了很好的治理绩效。按照佟德志教授的论证，这种绩效的取得，或者说治理现代化程度的提升，与民主建设的成果是相辅相成的。我们常提到"党带领全党和全国各族人民"，良好绩效的取得，没有广大人民的参与，没有广大人民的积极性的调动，是无法实现的。总体而言，我们落实全过程人民民主的现实条件包括以下方面。

（一）坚持和强化党的全面领导取得新进展

党的领导是社会主义民主建设的核心，不断完善党的领导为推进全过程人民民主提供了根本保证。党的十九大报告强调，"党是领导一切的"，这标志着我们在党的领导方面发生了全新的变化。党的十八大以来，我们党作为执政党，总揽全局、协调各方的能力不断增强。具体表现为：一是全面从严治党，以党的政治建设为统领，全面推进党的政治、思想、组织、作风和纪律建设，通过成立国家监察委员会、加强巡视、建立和完善"不忘初心、牢记使命"主题教育制度、落实意识形态工作制、力戒形式主义官僚主义等方式，保持党的先进性和纯洁性，加强党的长期执政能力，实现依规治党与依法治国有机统一。二是系统构建和有效运行党全面领导的政治经济文化、治党治国治军、内政外交国防等治理体系，并以此为基础，通过制度建设改进和完善党的领导方式和执政方式，提高党科学执政、民主执政、依法执政水平，确保党始终是中国特色社会主义事业的坚强领导核心。三是把坚持和改善党的领导建立在人民当家作主的政治和法律制度基础上，使社会主义民主制度的完善能够同完善党的执政方式同步推进，保证党领导人民有效治理国家、管理社会。党的十八大以来，我国逐步形成和完善了党委领导、政府负责、社会协同、公众参与、法治保障的社会治理体系。

（二）坚持国家一切权力属于人民，扩大公民有序政治参与取得新进展

党的十八大以来，为适应经济发展、社会进步和人民群众政治参与积极性不断提高的现实，党的各级组织和各级政府通过体制机制创新，健全民主制度，丰富民主形式，拓宽民主渠道，充分发挥我国政治制度对发展人民民主的优越性，有效保障广大公民在各个层次、各个领域的有序政治参与，人

民的知情权、参与权、表达权、监督权得到扩大和保障。这表明我们的民主政治建设已在进行中，全过程人民民主已是进行时。比如：在坚持和完善人民代表大会制度方面，通过健全人大讨论、决定重大事项制度，加强人大常委会同人大代表的联系，充分发挥代表作用，完善人大工作机制等措施，推动人民代表大会制度与时俱进。在健全社会主义协商民主制度方面，出台《关于加强社会主义协商民主建设的意见》，通过构建程序合理、环节完整的协商民主体系，拓宽国家政权机关、政协组织、党派团体、基层组织、社会组织的协商渠道等措施，推进协商民主广泛多层制度化发展。此外，我们党适应互联网时代的需要，走网上人民群众路线，通过不断加强电子政务建设，确保广大人民群众能第一时间掌握国家动态，并借助互联网平台参与到国家政治生活中。

（三）全面落实依法治国基本方略，推进社会主义法治国家建设取得新进展

民主和法治是统一的，民主是法治的前提，法治是民主的保障，推进全过程人民民主离不开法治建设。党的十八大以来，我们党大力推进依法治国总目标的实现，坚持依法治国、依法执政、依法行政共同推进，坚持法治国家、法治政府、法治社会一体建设。主要表现为：一是人民群众在党的领导下，依照宪法和法律规定，通过各种途径和形式管理国家事务、管理经济文化事业、管理社会事务；二是国家各项工作都依法开展，社会主义民主政治的制度化、规范化和程序化取得重要进展，社会主义法治国家建设取得了历史性成就；三是厉行法治，维护法律尊严，推进科学立法、严格执法、公正司法、全民守法；四是坚持依法治国和以德治国相结合，依法治国和依规治党有机统一。法律规范体系、法治实施体系、法治监督体系、法治保障体系和党内法规体系建设相互促进、共同发展。我们党推进依法治国，确保了全过程人民民主将是有效的管用的民主。

（四）在深化行政管理体制改革、建设服务型政府上取得新进展

党的十八大以来，我们党全面推进实现行政管理体制的改革目标：按

照建设服务政府、责任政府、法治政府和廉洁政府的要求，着力转变职能、理顺关系、优化结构、提高效能，做到权责一致、分工合理、决策科学、执行顺畅、监督有力，建立起了比较完善的中国特色社会主义行政管理体制，逐步实现国家治理体系和治理能力现代化。各级党委和政府积极建设人民满意的政府，大力推进三个转变：一是推动政府职能向创造良好发展环境、提供优质公共服务、维护社会公平正义转变；二是推动政府组织机构及人员编制向科学化、规范化、法治化转变；三是推动行政运行机制和政府管理方式向规范有序、公开透明、便民高效转变，建设人民满意的政府。

（五）完善制约和监督机制，确保权力正确行使取得新进展

党的十八大以来，从制度上对权力的运行进行了进一步规范，"把权力关进制度的笼子""让权力在阳光下运行"的论断得到卓有成效的实践。具体表现为：一是打造科学合理的权力结构，坚持用制度管权、管事、管人，使决策权、执行权、监督权既相互制约又相互协调；二是推动形成结构合理、配置科学、程序严密、制约有效的权力运行机制；三是进一步完善各类公开办事制度，保障人民的经济、政治、文化、社会权益。

总之，这五个主要方面深入回答了如何通过发展全过程人民民主把党和人民、党和法治"两大关系"做实的问题。这两大关系是社会主义现代化国家建设的标志，是中国民主政治成为人类文明新形态的核心标识物。作为长期执政的党，如果切实能做到这两点，社会主义民主的生命力就是旺盛的，就是人类政治文明的新形态。

第一，坚持党性与人民性的统一。在中国，"程序正义"不能吸纳不满，人民要的是最高限度的保护、或者说实质正义，但这种保护不是人民等靠要，而是共同参与。西方的"选票吸纳不满"在我们这里行不通。"程序正义"无法解决党和人民的关系，也就是人民真正当家作主的问题。"程序"在民主实践中从来都是不缺位的。我们说，选举民主和协商民主是中国特色社会主义民主的两大实现形式，在选举和协商中，我们的形式都是充分的。但形式和内容之间的张力还是比较大的，民众在民主上的疏离感比较突出。在

"七一"讲话中,习近平总书记指出:"中国共产党始终代表最广大人民根本利益,与人民休戚与共、生死相依,没有任何自己特殊的利益,从来不代表任何利益集团、任何权势团体、任何特权阶层的利益。"① 党的十八大以来,习近平总书记多次把党"没有自己的特殊利益"作为马克思主义政党与其他政党的根本区别之一。他指出:"我们党没有自己特殊的利益,党在任何时候都把群众利益放在第一位。这是我们党作为马克思主义政党区别于其他政党的显著标志。"② 习近平总书记的论述鲜明地把党和人民的关系讲清楚了。如何落实是第一位的事情。

第二,党要坚持依规治党依法治国,保障并维护宪法法律的绝对权威。民主与法治须臾不可分离,离开了民主谈法治或者离开了法治谈民主,都是毫无意义的。目前我们应清醒地认识到,尽管党的十八届四中全会的决定已经发布了近八年,但是当时揭示的依法治国方面存在的一些问题,迄今依然不同程度地存在。因此,在发展全过程人民民主的进程中,必须实质性推进依法治国方略。

四 "三个具体地、现实地体现":发展全过程人民民主推进民主政治建设的重要抓手

在习近平总书记关于全过程人民民主的重要论述中,对于"三个具体地、现实地体现"相关论述的研究较少。实际上,"三个具体地、现实地体现"这一个表述极为重要,它构成了发展和落实全过程人民民主重大理念的重要抓手。

(一)把人民当家作主具体地、现实地体现到党治国理政的政策措施上来

在党治国理政的战略谋划、设计安排与实际工作中不断发展全过程人民民主。一是要继续在治国理政理念上进一步彰显以人民为中心,必须坚决遵从人民意志,把人民利益摆在至高无上的地位,将改革发展的成果更多更普

---

① 习近平:《在庆祝中国共产党成立100周年大会上的讲话》,人民出版社2021年版,第11—12页。
② 《习近平谈治国理政》第4卷,外文出版社2022年版,第53页。

遍地惠及全体人民，坚定不移地推进共同富裕，始终全心全意为人民服务。二是在治国理政战略中坚持以人民为中心，社会主义现代化国家建设对民主建设提出了更高要求，"四个全面"战略布局，抓住党和国家视野发展中的根本性、全局性、紧迫性的重大问题，更需要全过程人民民主为之谋划、聚力、施策，牢牢把握"国之大者"，关键领域和重要工作也需要体现在全过程人民民主实践中。三是在治国理政评价上要彰显以人民为中心，在全过程人民民主的所有环节、各个领域、全部内容的评价上依靠人民、由人民来评判，使人民成为治国理政各项工作的最高裁决者。

（二）把人民当家作主具体地、现实地体现到党和国家机关各个方面、各个层级工作上来

党和国家机关工作的民主化程度及其运作状况，直接关系到全过程人民民主的制度建设和实际效果，关系到人民当家作主地位的巩固和各项权利的实现，关系到社会主义国家建设的成败及其伟大历史使命的完成，因此必须重视在党和国家机关各个方面、各个层级工作中加强民主建设。这主要体现在：一方面要不断加强党和国家机关的民主集中制，特别是按照党章和国家法律的规定，不断健全完善诸如党的代表大会制度、集体领导制度、民主决策制度等制度安排。另一方面要持续推动全面依法治国，法治是民主的基础、底线和保障，党和国家机关率先重视法治、厉行法治，全过程人民民主才更有底气；依法治国、依法执政、依法行政共同推进，全过程人民民主才更加可靠；法治国家、法治政府、法治社会一体建设，全过程人民民主才更获信任。

（三）把人民民主具体地、现实地体现到实现人民对美好生活向往的工作上来

习近平总书记强调："以人民为中心的发展思想，不是一个抽象的、玄奥的概念，不能只停留在口头上、止步于思想环节，而要体现在经济社会发展各个环节。"[①] 民心是最大的政治。当前，中国特色社会主义进入了新时代，

---

① 习近平：《深入理解新发展理念》，《求是》2019 年第 10 期。

我们要牢牢把握人民群众对美好生活的向往，把以人民为中心贯彻到治国理政全部活动之中，做到发展为了人民、发展依靠人民、发展成果由人民共享，更好增进人民福祉，更好发展中国特色社会主义事业，更好推动人的全面发展、社会全面进步。当前，我们已经迈进社会主义现代化国家建设新征程，人们对美好生活的需要日益广泛、不断丰富，对于高质量生活提出了更高的要求，在民主、法治、公平、正义、安全、生态等各方面的高品质要求不断丰富，这就要求我们在实际工作上充分解决好这些问题。民之所望，施政所向，把事关发展不平衡不充分的各类民生工作放到全过程人民民主的具体任务中，提出更多惠民举措，更好满足人们对美好生活的全方位需求。

从习近平总书记对"三个具体地、现实地体现"的强调来看，这三条应该是同等重要的。第一条讲制度体系的人民性，有了人民性就有了制度优势，民主实践的要点是做好选举民主和协商民主问题，切实把选举民主和协商民主落到实处，各级各类代表能够增强人民代表性，有事好商量，众人的事众人商量得到各层级的落实。第二条讲善治，民主实践的要点是决策的民主化问题，让决策有共识，符合常识，能止损。第三条讲民生导向，民主实践的要点是广泛的政治参与的问题。张明军教授特别强调民生政治参与，认为中国基层民众最关心的仍然是民生资源的分配问题，民众具有参与的动力。在民生政治参与过程中，培育了基层民众参与的规则意识和公平理念。当基层民众的规则意识、公平理念形成后，可以由民生政治参与向选举政治参与转变。①

五 结语

经过上述分析，认为四点值得注意：首先，民主是推进国家治理体系和治理能力现代化中的关键一环，二者不是对立关系。民主治理和国家治理是统一的。但是在我们的一些观念当中，有时将民主和治理对立起来。其次，

---

① 张明军、朱玉梅：《民生政治参与与中国政治文化的现代转型》，《理论探讨》2018 年第 5 期。

我们的观念是革命性的，但其真理性需要实践验证，民主实证越发重要。换言之，全过程人民民主的逻辑闭环要以实践来支撑。再次，民主的实践问题需要具体化为具体问题。例如，在当前各项工作都有主体责任要求背景下，民主的推进需要不断建设并完善追责机制。最后，我们要把习近平总书记的要求落到实处，专业的研究者应该有所推动，多提些思路和对策建议，少些不实事求是的拔高和空泛的议论，可能更有意义。

人民主体性建构与发展全过程人民民主

程竹汝[*]

* 程竹汝，上海交通大学教授，博士生导师；中国政治学会副会长，上海市社会科学创新基地首席专家；上海市政协理论研究会副会长。主要从事政治学理论和政治制度的研究，是国内少数几位有影响的跨政治学和法学的学者。主持完成和在研国家哲学社会科学基金项目 6 项（重大项目："习近平关于发展全过程人民民主重要论述研究"；重点项目 2 项；一般项目 3 项），上海市哲学社会科学基金项目十余项，以及市人大、市政协、市教委等重大招标项目十余项；出版《全过程人民民主：基于人大履职实践的研究》《制度成长与发展逻辑：改革开放时代的中国政治发展》等学术专著 10 部；在《政治学研究》《学术月刊》《文史哲》等刊物上发表学术论文 140 余篇；获得上海市哲学社会科学优秀成果一等奖、二等奖 4 次，决策咨询成果被国家领导人等批示若干次。

◎ 内容摘要

　　摘要：人民主体性是人民在国家政权和公共事务方面的主导性，这是民主最具实质性的部分，也是判断民主程度的标准。全过程人民民主是能在较高程度上体现人民主体性的民主模式。公民基本权利是人民主体性建构的现实形式，党的领导是人民主体性建构的政治保证，选举民主是人民主体性建构的基础，广泛有序参与是人民主体性建构的中国特色。作为新时代政治建设的核心范畴，全面发展全过程人民民主要进一步激发中国特色政治制度体系的民主价值，深度塑造人民在国家治理中的主体性。

　　关键词：人民；人民主体性；民主；全过程人民民主

◎ 结 构 摘 要

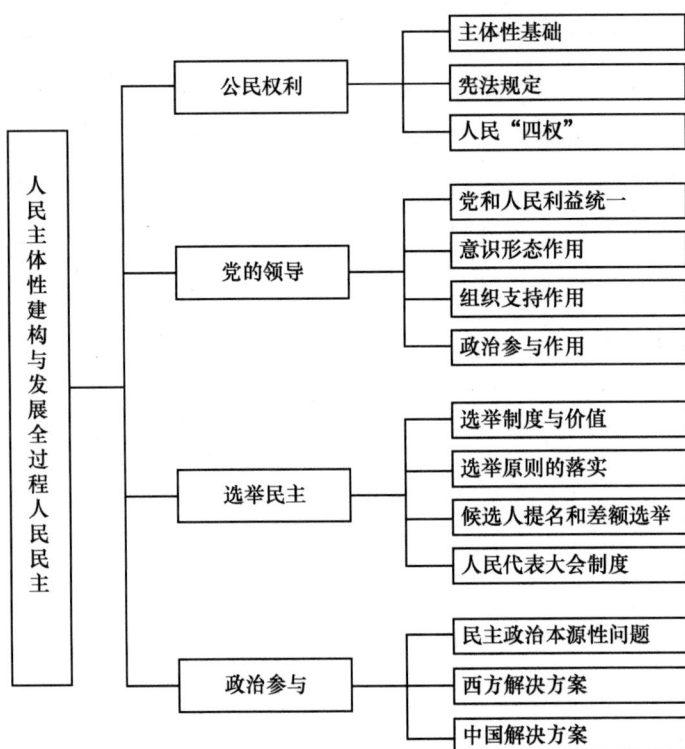

◎ 观点摘要

1. 发展全过程人民民主并非完全排斥或者忽视选举民主，对全过程人民民主全链条的概括，第一个环节就是民主选举。

2. 新时代发展全过程人民民主要求我们充分建构人民主体性。在实践层面极其重要的基础性工作就是要把人民"四权"充分展开并不断取得进展。

3. 人民当家作主本质核心建立在民主制度、形式、渠道和"四类民主"基础上，而"四类民主"即民主选举、民主决策、民主管理和民主监督则建立在人民"四权"基础上，人民当家作主在实践之中就体现为人民知情权、参与权、表达权、监督权的行使和实现。

4. 在协商、决策、管理这些环节中，知情权、表达权和参与权都是协商、决策和管理的前提和基础，也是协商、决策和管理这些行为能够有意义展开的特定环境。

5. 党执政的伦理基础在于中国共产党和中国人民的利益是高度统一的，这一伦理原则在现实性中就必然要求人民对政治的全过程参与。

6. 党的理论是科学的理论，是以人民为价值立场的理论，或者说是包含正确世界观和价值观的理论。以党的理论为基础形成的党的路线、方针和政策为人民主体性建构、人民整体利益和国家长远利益的认知提供了重要的理论基础。

7. 选举制度主要有四种价值：第一，为公共权力提供合法性；第二，塑造公共权力关注民意的压力；第三，为公民监督公共权力提供动力；第四，通过选举机制凝练公共政策。

8. 中国的政策选择是通过广泛有序的协商和政治参与实现的，这是全过程人民民主的特征之一，也是它得以形成的重要基础。

9. 中国之所以形成全过程人民民主，通过选举解决选人，通过广泛有序的政治参与解决选政策，主要就是因为中国民主的价值偏好是追求实体民主。

10. 人民政协作为统一战线的组织、多党合作和政治协商的机构、人民民主的重要实现形式，是社会主义协商民主的重要渠道和专门协商机构，是国家治理体系的重要组成部分，是具有中国特色的制度安排。

民主的实质就是作为分散的个体集合为一体的人民，针对国家政权和公共事务具备主导性，也就是人民的主体性。人民一旦在国家政权和公共生活中处于主体地位，就能够对国家政权和公共事务发挥主导作用。从这个意义上来理解民主，人民的主体性可以涵盖各种形态的民主。历史上形成的各种不同的民主形态，主要体现为人民主体性程度上的差异。

全过程人民民主是一种能在较高程度上体现人民主体性的民主模式。主要体现在以下三个方面。第一，就分散的个人与国家权力的关系而言，全过程人民民主体现了民主政治的本质，即作为公民整体的人民主体性建构。第二，从经验上来看，人民的主体性主要通过体系化的政治制度即政党制度、选举制度、参与制度和代议制度等制度建构起来，建构人民的主体性要聚焦到这些最主要的体系化制度上来。第三，发展全过程人民民主作为新时代政治建设的核心范畴，就是要进一步激发上述政治制度的民主价值，深度塑造人民在国家治理中的主体性。

本文将从以下四个方面展开论述。第一，公民基本权利是人民主体性建构的现实形式。公民概念在全过程人民民主的范畴中应该具有非常基础性的地位，因此，要特别强调公民的基本权利。然而，在全过程人民民主的讨论和研究当中对公民权基础性地位的强调还不够。第二，党的领导是人民主体性建构的政治保障。从制度层面来看，人民主体性建构主要包括两大类，一类是组织制度，另一类是参与制度。组织制度涉及如何把分散的 14 亿多人民、56 个民族和地方色彩很明显的各个地区组织起来连接成为一个整体，使人民作为一个整体对国家政权、国家发展和公共事务发挥主导作用，组织制度在其中是最基本的和最重要的。在各种制度当中，首先中国共产党的领导能够把整个中国社会组织起来。此外，作为根本政治制度的人民代表大会制度能够把中国从政治上组织起来，也是最重要的组织制度。

除了组织制度之外，另一方面就是民众参与制度，包括选举和参与。选举民主是人民主体性建构的基础，广泛有序参与构成人民主体建构的中国特色。从广义上来看，选举也属于政治参与。① 目前全过程人民民主的研究对选举民主的地位及其在新时代发展全过程人民民主中作用的强调还不够。发展全过程人民民主并非完全排斥或者忽视选举民主，对全过程人民民主全链条的概括，第一个环节就是民主选举。因此，从全过程人民民主的整个链条上来看，选举是基础，选举放在第一位就有了特定缘由。就新时代的政治建设任务而言，发展全过程人民民主应当推动选举民主的不断完善。广泛有序参与则是全过程人民民主的重要特色。习近平总书记曾说过："我国的全过程人民民主不仅有完整的制度程序，而且有完整的参与实践。"② 因此，如果对全过程人民民主的基本变量进行概括，一方面取决于组织制度，另一方面取决于参与制度。

一 公民基本权利是人民主体性建构的现实形式

（一）人的主体性是建构人民主体性的现实基础

人民是一个集合概念，其现实的客观基础就是我们每一个现实的人。人民的主体性，无论从哪个角度来看，都是建立在人的主体性基础上。如果在一个社会中人的主体性面临着非常大的挑战，那么，作为集体的人民主体性也难以形成一种相对完善的状态。

人的主体性是本文的逻辑起点。人的主体性是一个哲学问题。我们每一个具体的人在现实社会中都处于三维关系之中，分别是：他与自然的关系、他和人类社会或者群体的关系、他和人的精神或自己精神的关系。正是在这三个关系或三个领域当中，人类文明进程一定程度上体现为人逐渐获得自由的过程。因此，人的主体性是相对人的实践对象而言的，即人在自然界、社会和人的精神这三个领域中的自由地位和能力。马克思有一个非常重要的论断，认为社会生活的本质是实践的，人类历史的逐渐展开也是实践的，而在

---

① 在政治学中，有的概念边界不是很清楚，例如政治参与就是一个指涉范围可大可小的概念，全过程人民民主比较多地强调广泛有序的政治参与。

② 习近平：《论坚持人民当家作主》，中央文献出版社 2021 年版，第 335 页。

这个实践中处于主导地位的力量就是人的主体性。① 一般而言，人的主体性主要指的是人在实践中的自主、主动、能动、自由、有目的的活动的地位和特性。

人民的主体性是建立在人的主体性基础之上的。此外，人民主体性也有自身的一个特点，它特别是相对于国家生活和社会生活而言，它最直接的与之相适应的主体性作用对象是国家生活和社会生活。当然人民主体性的形成，其客观基础也包含着它和自然的关系。因此，本文认为，人民主体性是相对于国家生活和社会生活而言的，使人民在国家和社会领域能够起自主作用，能够贯彻自己意志的地位和特性。

（二）重视公民基本权利在建构人民主体性中的基础作用

在民主政治当中，人的主体性与公民的基本权利密切相关。宪法和法律，特别是宪法所规定的公民基本权利是人的主体性的规范性概括。现代文明社会的一个主要特点就是通过宪法形式确定人的主体性。在发展全过程人民民主的过程中也应该重视公民基本权利。

公民基本权利在发展全过程人民民主中具有基础地位。首先，公民基本权利表明了公民作为国家权力的基础地位。我们强调"权为民所赋"②，除了历史选择之外，在制度逻辑上就体现为公民作为国家权力的基础地位。其次，公民基本权利构成了人民主体性的权利基础，即公民基本权利现实体现着人民的主体性。

从公民基本权利的内涵上来看，包括两种权利类型划分方式。一种是按照权利作用形式来划分，包括支配权（物权、人身权、知识产权）、行动权（选举权、表达权、监督权，也就是通过公民意思表示形成特定法律关系的权利）、请求权（要求他人一定行为或不一定行为的权利，比如说受教育权）、抗辩权（否定他人权利主张的权利，典型的就是诉权）等。另一种划分方式是按照权利性质来分类，可以分为政治权利、社会经济权利、社会文化权利、

① 马克思：《1844 年经济学哲学手稿》，人民出版社 2000 年版，第 57—58 页。
② 蒋德海：《宪法的本质研究》，人民出版社 2014 年版，第 159 页。

人身权利等。

我国宪法中规定的民主权利十分广泛，包括选举权、被选举权、结社自由权利和表达权。应当特别注意表达权，《中华人民共和国宪法》第三十五条规定，中华人民共和国公民有言论、出版、集会、结社、游行、示威的自由。这其中规定的公民权利的含义主要是表达权，当然也包括结社权。此外，宪法第四十一条规定的批评建议，控告、检举、申诉的权利，体现了公民有参与和监督权利，这是监督权的宪法规范表达。批评、建议、控告、检举、申诉，权利的特定内涵不一样。值得重视的是，从党的十七大开始直至今日，在党的政治话语中一直强调人民"四权"，即知情权、参与权、表达权、监督权，这四项权利其实是对宪法中规定的公民民主权利的新的概括。

（三）人民"四权"的充分实现构成发展全过程人民民主的必然要求

新时代发展全过程人民民主要求我们充分建构人民主体性。在实践层面极其重要的基础性工作就是要把人民"四权"充分展开并不断取得进展。人民"四权"和发展全过程人民民主是一种必然的关系，人民"四权"的充分实现构成了新时代发展全过程人民民主的必然要求。发展全过程人民民主涉及我国民主政治"全链条、全方位、全覆盖"的广阔领域和环节，进一步在实践中夯实人民"四权"即知情权、参与权、表达权、监督权的实现机制，构成其中十分关键和基础性的方面。①

人民"四权"的提出和深入反映了我们党关于社会主义民主政治规律认识的不断深化。从认识史上来看，党的十七大提出了人民"四权"这一理论概括，即"人民当家作主是社会主义民主政治的本质和核心。要健全民主制度，丰富民主形式，拓宽民主渠道，依法实行民主选举、民主决策、民主管理、民主监督，保障人民的知情权、参与权、表达权、监督权"。② 之后，从党的十八大、党的十九大到党的二十大，党做出过若干次重大决定，这些决定对人民"四权"都有相应的表述和强调。例如，党的十八大报告强调"健

---

① 程竹汝：《人民"四权"的充分实现是发展全过程人民民主的内在要求》，《探索与争鸣》2022年第4期。

② 《十七大以来重要文献选编》（上），中央文献出版社2009年版，第22—23页。

全权力运行制约和监督体系，坚持用制度管权管事管人，保障人民知情权、参与权、表达权、监督权，是权力正确运行的重要保证"①。习近平总书记在中央人大工作会议上也指出："要保证人民依法行使选举权利，民主选举产生人大代表，保证人民的知情权、参与权、表达权、监督权落实到人大工作各方面各环节全过程，确保党和国家在决策、执行、监督落实各个环节都能听到来自人民的声音。"② 党的十九大报告再次强调："巩固基层政权，完善基层民主制度，保障人民知情权、参与权、表达权、监督权。"③ 具体来看，人民"四权"的提出具有如下意义。

第一，深化了民主价值的认识，也就是对民主政治与人民权利之间关系的结构性认识进一步得到了深化。党的十七大报告中的相关表述可以充分证明这个判断，"人民当家作主是社会主义民主政治的本质和核心，要健全民主制度，丰富民主形式、拓宽民主渠道，依法实行民主选举、民主决策、民主管理、民主监督，保证人民知情权、参与权、表达权、监督权"④。这段话包含三个重大命题之间必然的逻辑关系，人民当家作主本质核心建立在民主制度、形式、渠道和"四类民主"基础上，而"四类民主"即民主选举、民主决策、民主管理和民主监督则建立在人民"四权"基础上，人民当家作主在实践之中就体现为人民知情权、参与权、表达权、监督权的行使和实现。

第二，深化了人民政治权利的体系化认识。在选举权基础上，人民"四权"的理论概括丰富了人民权利的内涵，这恰恰为人民民主的全过程发展提供了理论和实践基础。从实践意义上来看，如果说广泛多层制度化协商，即广泛有序的政治参与成为全过程人民民主理论概括形成的实践基础，那么，这个实践基础最客观的表现就是人民"四权"在实践中的展开。因此，人民"四权"深化了对人民政治权力的体系化认识，也就是把"四权"和选举权作为一个整体来看待。

---

① 《十八大报告（辅导读本）》，人民出版社 2012 年版，第 29 页。
② 习近平：《论坚持人民当家作主》，中央文献出版社 2021 年版，第 337 页。
③ 《党的十九大报告（辅导读本）》，人民出版社 2017 年版，第 36 页。
④ 《十七大以来重要文献选编》（上），中央文献出版社 2009 年版，第 22—23 页。

第三，深化了对民主政治建设战略的认识，即人民"四权"在政治建设中的战略地位，既强调了它的宏观定位和全局定位，也聚焦于基层和特定领域策略的特色。通过梳理党的文献中对人民"四权"的相关表述，可以发现这样一个逻辑，从党的十七大、党的十八大到党的十九大以及中间的若干个决定来看，党的十九大之前更加强调人民"四权"在政治建设中间战略上的宏观和全局的定位，而党的十九大以来更加强调了人民"四权"在基层民主中的地位。

不同性质形态的民主之差别，就体现在人民主体性程度的不同。就此而言，全过程人民民主是能够充分实现人民主体性的民主。从全过程人民民主形态上来看，最早的也是最具基础性的解释，就是全链条的解释，即民主选举、民主协商、民主决策、民主管理和民主监督，这一全过程链条的特征的形成正是建立在人民"四权"基础上的，换言之，这一特征的形成是人民"四权"在实践中不断展开的必然结果。

具体来说，这种必然性体现在民主诸环节与人民"四权"的关系上。首先，就选举权而言，人民"四权"是民主选举的前提和基础。没有充分的知情权、表达权、参与权和监督权，民主选举就失去了前提和灵魂。客观而言，我们坚定中国特色制度自信，同时我们也要看到从1953年至今，选举民主经过近70年的发展仍然存在着进一步完善的空间。此外，在协商、决策、管理这些环节中，知情权、表达权和参与权都是协商、决策和管理的前提和基础，也是协商、决策和管理这些行为能够有意义展开的特定环境。其次，"四权"展开得如何在一定程度上决定了协商、决策和管理的效度。民主监督更是以人民监督权为基础的，因为从人民主权的理论来看，人民能够直接行使的权利，除了选举权之外，还包括宪法中所规定的批评建议等权利，人民的监督权利是可以直接行使的，因为监督权不是直接做出决定的权利，它和直接民主是相适应的，民主监督就是以人民监督权为基础。因此，人民"四权"的充分实现构成了发展全过程人民民主的一种必然要求。反之亦然，全过程人民民主实现状态也是人民"四权"发展的一个必然结果。

值得强调的是，人民"四权"本身构成了一个有机的整体。要清楚地看到这个有机整体中间的逻辑，即人民"四权"构成一个整体，但是又有前有后并且相互交织。在人民"四权"这一整体中，我们要重视前置性权利的作用。在人民"四权"当中，知情权和表达权明显具有前置性。知情权和表达权的内涵和性质均为信息的传递，这二者的区别在于知情权是信息获得及输入，表达权是信息表达及输出。而参与权和监督权则不同，二者的实践形式均体现为行为，参与权和监督权的区别在于行为性质上的差异，监督主要是批评申诉等行为，参与权更多是正面的介入行为。

保证人民"四权"进一步落实，首先要保证人民的知情权和表达权。人民"四权"中知情权和表达权构成了前置性权利，从信息和人的行为的一般关系来看，信息是激发行为和规定行为内容的基本要素。每一个现实的人所获得的信息不仅有激发行为的作用，更规定了行为的内容。一方面，我们需要强调信息获得及其程度构成了其他权利进入实践的动因和内容。另一方面，充分的表达构成了有利于其他权利得以展开的社会环境。在现实中，公民的知情权和表达权还面临着很多挑战。

二　党的领导是人民主体性建构的政治保证

党的性质蕴含着全过程人民民主形成和发展的必然逻辑。为什么中国共产党的领导和全过程人民民主的联系如此紧密？迄今为止，关于全过程人民民主的所有研究都强调党的领导，其根本原因在于党的领导和全过程人民民主发展之间存在着非常密切和极其重要的客观关联。同时，党的性质也蕴含着全过程人民民主形成和发展的必然逻辑。正如习近平总书记强调的："中国特色社会主义政治发展道路，是近代以来中国人民长期奋斗历史逻辑、理论逻辑、实践逻辑的必然结果，是坚持党的本质属性、践行党的根本宗旨的必然要求。"[①]

党的性质是两个先锋队。两个先锋队体现为"三个代表"，而"三个代表"进一步体现为长期以来中国社会和我们党对自身属性的定位。习近平总书记说"中国共产党始终代表最广大人民根本利益，与人民休戚与共，生死

---

① 习近平：《论坚持人民当家作主》，中央文献出版社 2021 年版，第 175 页。

相依，没有任何自己的特殊利益，从来不代表任何利益集团，任何权势团体，任何特权阶层的利益"①，此外，《中国共产党章程》中有"党除了工人阶级的最广大人民群众的利益，没有自己特殊利益"②的规定。一个政党没有自己的利益，或者说除了广大人民群众的利益之外，没有自己的利益，这表明党的利益和广大人民群众的利益是统一的，党的发展历史也能充分证明这一点："我们党自成立之日起就致力于建设人民当家作主的新社会。"③

从理论逻辑上来看，"三个代表"其中之一就是代表最广大人民的根本利益。这也正是习近平总书记所强调的"没有自己的特殊利益"，是中国共产党作为长期执政党的全部政治社会关系的基本伦理原则。这一本源性命题投射至党所处的不同社会关系中，形成了党执政伦理的系统结构，包括党的使命与其执政地位的契合、党的执政行为与责任伦理的契合、党的先锋队性质与党的使命的契合所表达的使命伦理、制度伦理和主体伦理，构成了中国共产党执政伦理的有机整体。④党执政的伦理基础在于中国共产党和中国人民的利益是高度统一的，这一伦理原则在现实性中就必然要求人民对政治的全过程参与。既然党没有自己的利益，党和人民利益、整个中国社会的利益统一在一起，这也在逻辑上必然导向要求人民对政治的全过程参与。从学理上看，党的领导和人民民主之间存在着三个关系或作用形式。

（一）党的意识形态的保障和支持作用

第一个关系或作用形式就是党的意识形态发挥的保障和支持作用。本文认为，全过程人民民主在中国的发生和进一步的实践展开在很大程度上得益于党的意识形态的作用，没有革命的理论就没有革命的行动。

首先，党的理论具有人民主体性建构的重要价值。以往的理论和研究对这一点重视程度不够。党的理论在人民主体性建构中具有重要价值。关于人民的根本利益和整体利益的提炼、概括和确定在很大程度上依赖于党的理论。

---

① 习近平：《在庆祝中国共产党成立 100 周年大会上的讲话》，人民出版社 2021 年版，第 11 页。
② 《中国共产党章程》，人民出版社 2017 年版，第 19—20 页。
③ 习近平：《论坚持人民当家作主》，中央文献出版社 2021 年版，第 274 页。
④ 程竹汝：《中国共产党执政的伦理叙事及其解释力》，《政治学研究》2021 年第 6 期。

党的理论是科学的理论，是以人民为价值立场的理论，或者说是包含着正确世界观和价值观的理论。以党的理论为基础形成的党的路线、方针和政策为人民主体性建构、人民整体利益和国家长远利益的认知提供了重要的理论基础。如果没有党的理论，关于这些重要利益的提炼和概括就颇费周折。因此，党的理论具有人民主体建构的重要价值，它是形成人民长远和整体利益的正确认知，形成党的路线、方针、正确政策的认知基础。

其次，党的意识形态为人民群众关于个人利益和社会利益相融合的认知提供了理论引导，这两者之间的关联非常直接。利益的多元化和差异化甚至能够产生一定程度的冲突，这是现实社会的常态。因此，为人民群众形成科学的利益认知，提供理论引导，是民主政治的应有之义。现实社会有着复杂结构，存在阶层、利益诉求以及各式各样的差异，那么，如何将这种特别的利益诉求和差异化的主张和公共利益进行融合，不仅需要观念提供支撑，也需要理论提供引导。"在中国社会主义制度下，有事好商量，众人的事情由众人商量，找到全社会意愿和要求的最大公约数，是人民民主的真谛。"① 因此，党的意识形态在这方面可以发挥重要作用。

最后，党的领导也表现为党的意识形态领导权，为有序和有效的政治参与提供了主观基础。意识形态领导权也就是对人民群众思想上的领导，或者称为意识性的领导权。如果从学理上深化党的意识形态的保障和支持作用的话，以上三个方面的重要性值得进一步探索和思考。

（二）党的组织支持和保证作用

党的领导和全过程人民民主的关系比较直接，主要是组织支持和保证关系。习近平总书记指出，"中国共产党的领导，就是支持和保证人民实现当家作主"②。如果从学理上做分析，可以从以下两个方面来看。

首先，党的组织保证作用表现为最广泛动员和组织人民依照宪法和法律规定，通过各级人民代表大会行使权力。无论是人民群众集体意志的凝练抑

---

① 《习近平谈治国理政》第 2 卷，外文出版社 2017 年版，第 292 页。
② 《习近平谈治国理政》第 2 卷，外文出版社 2017 年版，第 18 页。

或集体意志的有效推行,都离不开动员和组织的形式与力量。中国共产党的领导是人民民主最具实质的组织要素。从中国社会来看,中国共产党在动员和组织的体制机制中能够产生的作用,就是能够有效推行人民群众集体意志的凝练和集体意志。即"最广泛地动员和组织人民依照宪法和法律规定,通过各级人民代表大会行使国家权力,通过各种途径和形式管理国家和社会事务、管理经济和文化事业,共同建设,共同享有,共同发展,成为国家、社会和自己命运的主人"①。这是党的组织对全过程人民民主发挥的基础性作用。

其次,支持和保证国家机关和人民政协依法依章履行职能和发挥人民有序政治参与的组织作用,这是党的领导最本质的内容。除了在定期选举中发挥组织作用外,中国共产党特别注重在政治过程各个环节,也就是在决策、管理和监督过程中,发挥有序政治参与的组织作用,保证政治权力行使与人民利益形成高度的适应性。概而言之,党的组织和保证作用体现在它对有序政治参与的组织动员和保证。

(三)党的组织系统本身的政治参与作用

党的组织网络具有非常强大的参与功能。中国共产党的组织网络对中国社会具有覆盖性,对整个中国社会而言,党的组织网络是一张大网,它已经涵盖了整个中国社会。在我们五千年中华文明发展过程中未曾出现这样的状态,只有在中华人民共和国成立之后,中国共产党领导人民才形成了这种全覆盖的体制状态。

这种全覆盖的体制状态能够使民众在日常生活中和党形成有效的互动状态。众所周知,不仅在偏僻的自然村落有党组织,今天的"两新组织"中也有党组织。这就意味着民众在日常生活中主动或者被动地、有意或者无意地,会和我们党形成一种互动状态,党的组织网络成为一种有效的参与途径。需要指出,任何政党最基本的政治功能就是为民众参与提供组织化的通道。不同的是,中国共产党能够全面嵌入中国社会的大多数组织中,所有民众都有充分的机会与党组织进行意见互动。此外,在群众路线及其相关实践的影响

---

① 《习近平谈治国理政》第 1 卷,外文出版社 2018 年版,第 139 页。

下，群众能够定期评议党员干部和基层组织等，这也为民众提供了组织化的表达利益与主张的有效渠道。

三 选举民主是人民主体性建构的基础

（一）选举制度及其价值

我们要准确认识选举民主在中国政治过程中的独特价值。民主是全人类的共同价值，这在马克思主义理论和西方民主理论等各种理论中都得到了强调。从理论上看，选举制度主要有四种价值：第一，为公共权力提供合法性；第二，塑造公共权力关注民意的压力；第三，为公民监督公共权力提供动力；第四，通过选举机制凝练公共政策。需要指出，尽管民主是全人类社会的共同价值，价值的共通性体现为以上四个方面，任何形式的民主都应该实现上述四种价值，但在不同的民主形态下，上述四种价值的偏好存在差异。

中国选举制度的实践价值就在于提供基于民意的政权组织。中华人民共和国从 1953 年开始实行选举制度，至今已有 70 年。中国的选举制度有其特定的价值追求，并与中国传统密切相关。选举首先要解决选人问题，要把德才兼备的人选到适当岗位上去，中国传统政治如此，在近代国家转型中，我们的选举制度依旧如此。因此，从上述四个民主价值来看，中国选举制度的民主价值偏好主要在于为政权提供合法性。但在其他三个民主偏好方面，我国的选举制度还有进一步完善的空间。例如，在塑造公共权力关注民意的压力方面，尽管公共权力对民意的压力关注度非常高，但这不是单纯地源于选举而是源于全过程人民民主，源于我们党的民主属性和全过程人民民主各种制度为公民监督公共权力提供的动力和保证。在我们国家，公共政策凝练和选举制度没有直接关系，这在选举价值上存在十分明显的差异。

选举民主在全过程人民民主各个环节中具有基础意义。在实践中可以清楚地发现，人民代表大会选举和党内选举主要解决的是选人的问题，把德才兼备的人选择到适合的岗位上去。我国的选举制度及其实践只解决选人问题，而与政策选择没有直接关联。选人要解决的是谁有能力更好地落实党的路线、方针、政策和法律，是候选人之间综合素质的比较而不是不同政策主张之间的比较。① 在政策选择方面主要是通过民众广泛、有序的政治参与，将我们党的路线和党的政策进行凝练。现代政治包括中国的民主政治也是建立在权为民所赋的基础上，这就意味着没有选举民主，就没有人民以公权力作为基础的关系。同时，我们要认识到选举在世界各国政治中具有普遍意义，也就是说政权合法性和选举制度存在着必然联系。因此，选举民主仍然具有基础意义。

（二）认真落实选举原则和细节

发展全过程人民民主应该认真落实选举原则和细节。从选举原则上来看，我们颁布实施了《中华人民共和国宪法》、《中华人民共和国全国人民代表大会和地方各级人民代表大会选举法》、《中华人民共和国全国人民代表大会组织法》、《中华人民共和国地方各级人民代表大会和地方各级人民政府组织法》，这些法律都规定了中国的选举原则，包括普遍、直接、平等和秘密的基本原则。

普遍性原则指的是选举权和被选举权的广泛性程度。中国普及选举权是一次性的，而不是渐进的，这是我们国家选举制度非常重要的特点。从比较政治的视野来看，这给我国选举制度的发展提供的压力和影响是基础性的。西方国家选举制度的发展是渐进的，选举权逐渐开放，选举权和被选举权曾经有财产限制和性别限制，妇女延迟了很多年才拥有选举权。美国的选举权还存在有色人种的限制。因此，西方选举权的普及不是一次赋予所有人而是逐渐展开的，而中国的选举权普及是一次性的，面向所有公民。除了18周岁以下、剥夺政治权利和无行为能力的人以外，其余人全部有选举权，这是中国选举权的一个特点，对选举制度的历史发展产生了基础性影响。此外，还有直接选举和间接选举相结合，直接选举的范围问题，长期以来在宪法学界讨论的也很多。

投票的原则和细节是一个重点问题。今年恰逢人大代表换届选举，各地都在投票。人民代表大会的历届选举也提供了很多经验性的认识。例如，秘密投票也被看作选举制度的一个原则。秘密投票要求无论是对一个名单投票

---

① 程竹汝：《论坚定中国特色社会主义制度自信的若干依据》，《中共中央党校（国家行政学院）学报》2020 年第 1 期。

或对某个候选人投票，写票地址都要是秘密的，也就是要让有选举权的人在不受任何外在压力的条件下自由投票。

（三）激活候选人提名和差额选举制度的价值

在现实中，中国的选举制度还存在一些问题。比较具有代表性的就是关于候选人形成的问题和差额选举的问题。在选举领域，针对上述两个问题，未来应该在实践中进一步探索出有效的解决方案，在发展全过程人民民主过程中不断促进制度的成熟和定型。按照中国的法律规定，有多种形式产生候选人，尤其是选民或者代表联名推荐候选人，包括曾经广泛讨论的独立候选人形式。在发展全过程人民民主的实践中，必须要探索出符合规范要求的、与全过程人民民主的价值相适应的实践方式。

受中国政治文化的影响，中国的差额选举面临着挑战。差额选举是选举的本意，没有差额选举，选举的意义会大打折扣。在中国选举制度中，差额选举遇到了挑战，特别是容易受到人情裙带关系的影响。全过程人民民主要塑造高度的人民主体性，必须面对和有效解决差额选举这种民主形式的问题。

（四）发展全过程人民民主应以完善人民代表大会制度为实践重心

人民代表大会制度的制度基础就是选举制度。因此，本文要在一般意义上讨论人民代表大会制度的作用，发展全过程人民民主应该以完善人大制度为实践中心。

首先，从二者关系上来看，《中华人民共和国宪法》规定中华人民共和国的一切权力属于人民，人民通过各级人民代表行使自己权力。换言之，通过人民代表大会行使权力，规定国家权力属于人民的现实性。全过程人民民主这一重要的理论概括虽然超出了人民代表大会制度的范畴，但也是以人民代表大会制度为实践重心的。人民代表大会制度是我们的根本政治制度，也是我们国家独具特色的政体形式和民主形式。全过程人民民主虽然超出了这个制度范畴，但是人民代表大会制度在中国民主架构中处于根本制度的地位。人民代表大会制度是中国人民当家作主的重要途径和最高实现形式，是"全过程民主"实践的主渠道，"全过程民主"只有在人大履职实践中得到充分体现，人民民主作为"全过程民主"才是现实的和经验性的。[1] 因此，发展全过程人民民主应该以完善人民代表大会制度为实践重心。

其次，人民代表大会制度全方位地发挥着全过程人民民主的机制作用。这主要体现在人民代表大会制度集选举民主、代议民主、民主决策、民主协商、民主参与和民主监督等环节于一体，这些民主形式在人民代表大会制度中都有所体现。人民代表大会制度内涵的充分展现构成了全过程民主的实践基础。[2] 换言之，这些具体的民主形式主要是通过人民代表大会这一根本的制度机制在实践中进行展开的。

如何通过进一步完善人民代表大会制度发展全过程人民民主？结合全过程人民民主的权威性文献中提出的要求，完善人民代表大会制度主要包括两个方面。第一，进一步夯实人民代表大会制度的两个系统性保证，即"保证各级人大都由民主选举产生、对人民负责、受人民监督，保证各级国家机关都由人大产生、对人大负责、受人大监督"[3]；保证各级"一府一委两院"由各级人大和常委会选举产生，对其负责并受其监督，这是一个宏观要求，总体来说，就是要在人民和人民代表大会之间实现选举、负责和监督，并且要保障这种关系的实现。第二，要完善人民代表大会的"四个机关"建设，包括人民代表大会政治机关建设即党的政治机关建设、国家权力机关建设、工作机关建设和代表机关建设。

四 广泛有序参与是人民主体性建构的中国特色

（一）民主政治的两个本源性问题

作为全过程人民民主的中国特色，广泛有序的政治参与从何而来？为何又会构成中国民主的特色？

---

① 程竹汝：《人大履职实践中的"全过程民主"》，《上海人大月刊》2020 年第 12 期。

② 程竹汝：《人大制度内涵的充分展现构成全过程民主的实践基础》，《探索与争鸣》2020 年第 12 期。

③ 《中共中央关于坚持和完善中国特色社会主义制度、推进国家治理体系和治理能力现代化若干重大问题的决定》，人民出版社 2019 年版，第 10 页。

在根本意义上，民主政治有两个本源性问题。本源性问题强调的就是民主在历史上发生的问题。从民主的这两个问题出发，我们可以对各种民主形态进行分析。第一个问题是，如何基于民意组织政权，具体表现为民众选择什么人来掌握公权力。例如，选举一般都针对特定候选人，不仅西方是这样，中国也是这样，通过选举产生重要的公职岗位，这是民主的普遍表现，它是民主的第一个本源性问题，即如何基于民意选人。第二个问题是如何基于民意选择政策，表现为民众选择什么政策作为公权力行使的内容和目标，这是基于民众意愿的政策凝练问题。民主不仅仅只解决选人问题，同时也要赋予他行为的内容和目标，要基于民意形成政策。因此，民主的两个本源性问题衍生出了实体民主、实质民主和程序民主、形式民主之间的理论区分。

形式民主、实质民主、程序民主、实体民主可以从两个本源问题联系起来进行分析。一般而言，选人仅仅是一个程序，它是典型的程序民主，没有太多实质内容，而选政策或凝练公共政策才是给公权力赋予具体内容和目标，它具有实质意义，这是实质民主。两个问题解决的程度方式不同，表明世界各国民主的实践形态有所不同。因此，民主的两个本源性问题可以为各种形态民主的分析和研究提供关键基础。

（二）民主本源性问题的西方解决方案

西方是如何解决民主的两个本源性问题的？西方世界的政治体制也是多样态的，按照政治学的一般分类，常见的有君主立宪制、议会制和总统制等。尽管存在着多样态的政治体制，但是在民主本源性问题的解决方案上，它们并没有差异。这也就意味着西方各国在民主政治形态上有着共同的制度特征，那就是通过竞争性选举制度同时解决选人和选政策两个民主本源性问题。竞争性选举制度对西方的政治形态具有基础性的影响。在现实中，西方世界多党竞争表现为围绕候选人所代表的政策偏好的竞争，候选人与政策已经融为一体，民众在进行政策选择的同时，也完成了公权力的授权。因此，通过竞争性选举这一套制度机制，同时解决两个民主的本源性问题，构成了西方民主的最为典型的特征。

(三) 民主本源性问题的中国方案

中国在两个民主本源性问题的实践探索和制度安排和西方不一样。中国有不同的制度和机制分别解决两个民主本源性问题，通过选举制度解决选人问题，通过选举制度之外的广泛有序的协商和参与制度解决政策选择问题，政策选择问题与选举制度没有直接关系。因此，广泛有序参与是我国人民民主最具特色的现实展现，构成人民民主基本的实践特征。[①]

应当重视选举制度在发展全过程人民民主中的基础性地位。通过选举方式组织政权，是近代以来民主政治的内在要求和一般表现。中华人民共和国国家政权自建立起，一直也是建立在选举制度基础上的，但是与西方民主赋予选举制度来组织政权与政策选择为一体的功能不同，我国仅赋予了选举制度组织政权的功能。中国的选举制度本来就没有安排要实现西方民主的价值，所以说基于西方民主理论形成的那些关于我国选举制度的价值是缺乏制度和实践支撑的。

一些人试图把西方民主的价值赋予中国的选举制度，这不符合中国的制度逻辑。习近平总书记曾指出："实现民主的形式是丰富多样的，不能拘泥于刻板的模式，更不能说只有一种放之四海而皆准的评判标准。"[②] 整个中国社会都必须认识到这一点，才能从认识上根本破除西式民主对中国民主的负面影响。要认识到我国的选举制度的价值仅在于授权而与政策选择没有直接关联，政策选择是建立在广泛有序的政治协商和参与基础上的，这是人民民主形成全过程状态的制度机制。中国选举制度的特色就在于功能专一，在这一点上，我们可以更加坚定制度自信，这和中国传统文明有直接关系，我们的民主及其选举制度在一定程度上就是要解决好贤人政治的问题。

那么，中国的政策选择是如何形成的？中国的政策选择是通过广泛有序的协商和政治参与实现的，这是全过程人民民主的特征之一，也是它得以形成的重要基础。政治共同体中人民集体意志的凝练历来就是人类民主政治的

---

① 程竹汝：《论坚定中国特色社会主义制度自信的若干依据》，《中共中央党校（国家行政学院）学报》2020 年第 1 期。

② 习近平：《论坚持人民当家作主》，中央文献出版社 2021 年版，第 96—97 页。

内在基本诉求之一。实质民主构成了政权活动的目的，从而在民主的理论和实践中就显得更为深刻和重要。而中国之所以形成全过程人民民主，通过选举解决选人，通过广泛有序的政治参与解决选政策，主要就是因为中国民主的价值偏好是追求实体民主。

实体民主有两个方面的意义。首先，政策凝练，实体民主指的是更重视在民意基础上的政策凝练，最适合中国民意反映的路径是民众的广泛有序政治参与，而不是竞争性选举。其次，中国之所以偏好于政策意义上的实体民主是和民生直接相关的，即民主和民生是统一的。中国人对民主的认识从来都离不开民生。西方却并非如此，西方对民主的强调更为直接的是和权利结合，中国人强调民主和权利相结合的同时也和民生相结合，是形成权利和民生性平衡的一种民主的观念。政策和民生的关联度十分直接。民生问题本质上是政策问题，所以中国民主偏好于政策也就是偏好于民生。

中国制度体系充分体现了广泛有序参与。习近平总书记指出："保证和支持人民当家作主，通过依法选举、让人民的代表来参与国家生活和社会生活的管理是十分重要的，通过选举以外的制度和方式让人民参与国家生活和社会生活的管理也是十分重要的。"[①] 中国的制度体系已经成功地塑造出了独具特色的人民广泛有序的政治参与系统。从实践中，我们可以概括出四大系统，即政党系统、人大系统、政协系统、信访系统，这四大系统都是保障人民有序参与的体制机制的安排。第一个是政党系统。如前文所述，中国共产党对民众参与具有独特的价值意义，而特定阶层的民众也可以通过民主党派参与到政策过程之中。

第二个是人民代表大会系统。从民众参与意义上来看，人民代表大会系统是中国民众最正式的参与体制和机制。众所周知，人民代表大会是代表机关，当然是民意机关，因此，民众通过人民代表大会参与到我们整个的政策凝练中是进行政策选择的重要且正式的体制机制安排。

第三个是人民政治协商系统。人民政协作为统一战线的组织、多党合作和政治协商的机构、人民民主的重要实现形式，是社会主义协商民主的重要

---

① 《习近平谈治国理政》第 2 卷，外文出版社 2017 年版，第 293 页。

渠道和专门协商机构，是国家治理体系的重要组成部分，是具有中国特色的制度安排。① 政协系统是专门的协商机构，从影响力的角度来看，政协委员是中国社会各个领域和各行各业有影响的人。从内在组织构成的角度来看，政协委员通过整个政协系统的协商制度施加影响，例如双月座谈会和对口协商，此外，政协委员都有提案权利，通过对提案办理的协商等形式参与政策过程。人民政协的整个系统的民主协商主要就是围绕政策展开的，这种协商的制度化程度也越来越高。

第四个是信访系统。信访系统是嵌入我们整个党政系统之中，甚至包括国有企事业单位之中的一个大系统。"一府一委两院"、高校和国有企事业单位一般都会有专门负责信访的机构。值得注意的是，信访机构在中国的参与体制当中不仅具有系统的组织安排，也具有非常独特的功能。在人民政府序列中有信访组织机构，也有专门负责信访的职能部门。信访机构功能的独特性在于围绕利益参与展开。所谓的利益参与是基于我们民众自身的利益参与政策过程，而不是公共参与，公共参与是为了公共的利益，而利益参与主要是基于自身利益参与。因此，信访系统独特的功能在于它通常是在我们政策实施的环节上通过民众的利益参与来进一步优化政策、完善政策以及提供资源。

总之，我们可以将中国的政策过程归纳为一个体系。民众广泛有序的政治参与是形成政策的基础，这中间的结构就是"四大系统"，它们结合在一起，构成了一个互动且相互嵌入的结构，而互动的结果便是输出政策。

这种结构也是中国国家治理产生全方位成效的重要原因。中国国家治理的成效、社会的有序、国家发展的良好趋势、民生的改善和国家综合实力的增强越来越值得肯定，最直接的原因就是中国的政策符合中国各个方面的要求，具备政策适应性。政策产生适应性的原因就是中国这套政策选择的体制机制，以此作为保障和基础。正如习近平总书记所说："我国全过程人民民主实现了过程民主和成果民主、程序民主和实质民主、直接民主和间接民主、

---

① 习近平：《论坚持人民当家作主》，中央文献出版社 2021 年版，第 265 页。

人民民主和国家意志相统一,是全链条、全方位、全覆盖的民主,是最广泛、最真实、最管用的社会主义民主。"① 成果民主就是中国的政策和民生等。

解决民主本源性问题的中国方案具有重要意义。第一,全过程人民民主是建立在广泛有序政治参与这一中国民主特色基础上的。之所以重视中国方案,重视中国解决民主两个本源性问题的独特制度安排,是因为我们认为这个方案是最接近于民主本源及直接民主的一种民主形式,全过程人民民主比较多强调了直接民主形式。第二,这种方案强调的是日常生活意义上的随时可以表现出的民主形式,而不是像选举民主那样,要受到任期的限制,或者是像议会民主那样受到集体行动的限制。有序政治参与,是一种在生活意义上的随时可以表现出来的民主形式。总而言之,四大组织系统保证着民众的参与和有序,而民众的参与有序保证了政策的社会适应性。

五　结语

总体而言,全过程人民民主是能够在较高程度上体现人民主体性的民主模式,这集中表现为人民在国家政权和公共事务中具备了主导性。首先,公民基本权利是人民主体性建构的现实形式。公民基本权利在建构人民主体性过程中发挥了基础性作用。在实践中,人民"四权"的发展和完善不仅反映了我们党关于社会主义民主政治规律认识的不断深化,也使发展全过程人民民主成为必然要求。其次,党的领导是人民主体性建构的政治保证。党的性质蕴含全过程人民民主形成和发展的必然逻辑,并且党的领导为全面发展人民民主提供了意识形态、组织支持和组织系统的支持和保障作用,全面保证了人民对政治生活的全过程参与。再次,选举民主是人民主体性建构的基础。选举民主在中国政治过程中具有独特价值,为组织政权提供了民意基础,通过选贤任能,从而在全过程人民民主的各个环节发挥了基础作用,因此,要以人民代表大会制度的完善为重心,认真落实选举原则与细节,激活候选人提名和差额选举制度的作用。最后,广泛有序参与是人民主体性建构的中国

---

① 习近平:《论坚持人民当家作主》,中央文献出版社 2021 年版,第 336 页。

特色。在实践中，政党系统、人大系统、政协系统、信访系统这四大系统都是保障人民有序参与的体制机制安排，不仅保证了人民有序参与政治生活，也保证了公共政策的适应性，更是创造性地回答了民主的本源性问题。

　　作为新时代政治建设的核心范畴，继续发展和完善全过程人民民主，要进一步激发中国特色政治制度中蕴含的民主价值，深度塑造人民在国家治理中的主体性。这意味着要继续重视公民权利的基础性地位，充分实现并发展人民"四权"，特别是作为前置性权利的知情权和表达权的贯彻和落实。要毫不动摇坚持和巩固党的领导，完善党的领导对全过程人民民主的支持和保障作用，保证全过程人民民主始终行驶在正确的政治道路上。要重视并挖掘选举民主在全过程人民民主中的重要价值，落实选举原则，不断完善中国特色的选举制度，坚持制度自信，破除"西式民主"的不利影响。要继续保障并发展人民广泛有序参与政治生活，突出全过程人民民主的优势和特色。

全过程人民民主战略布局的历史与逻辑[①]

佟德志[*]

---

* 佟德志，天津师范大学政治学理论教授、博士生导师。先后入选教育部首届青年"长江学者"（2015—2018）和"长江学者"特聘教授（2018—2023）、中组部"万人计划"学科领军人才国家教学名师、中宣部"文化名家暨四个一批"理论人才、"马克思主义理论研究和建设工程"重点教材首席专家。兼任国务院学科评议组成员、教育部政治学类专业教学指导委员会委员、中国政治学会副会长等职。先后主持完成国家社科基金重大、重点、青年项目多项，出版《在民主与法治之间》《现代西方民主的困境与趋势》《法治民主》《民主的否定之否定》，主编"中国民主政治丛书"、《全面发展全过程人民民主》、*Introduction to Comparative Political Culture* 等著作多部。在《政治学研究》《民族研究》《中国行政管理》、*Journal of Japanese Political Science* 等杂志发表中英文论文 150 多篇，获得教育部和天津市科研和教学奖励 10 多项。

① 本文系 2021 年度国家社会科学基金重大项目"美式民主的理论悖论与实践困境研究"（项目编号：21&ZD160）的阶段性成果。

◎ 内容摘要

摘要：全面发展全过程人民民主是新时代中国特色社会主义事业的战略布局，是历史逻辑、实践逻辑与理论逻辑的有机统一。在历史逻辑上，人民民主经历了革命时期的军事民主、改革初创的经济民主和改革深化时期的全面民主发展阶段，成为中国特色社会主义的基本战略。在实践逻辑上，全过程人民民主形成了完整的制度程序和参与实践，形成了全方位、全链条和全覆盖的基本特征，相较于西方单过程选民民主，展现出了全面的优势。积极发展全过程人民民主需要在理论层面完善概念、结构、类属和体系，在实践层面完善清单、案例、手册和指标体系建设。发展全过程人民民主的理论与实践需要结合"四个全面"战略布局总体背景，从战略高度加以探讨。

关键词：民主；人民民主；全过程人民民主；战略布局

◎ 结 构 摘 要

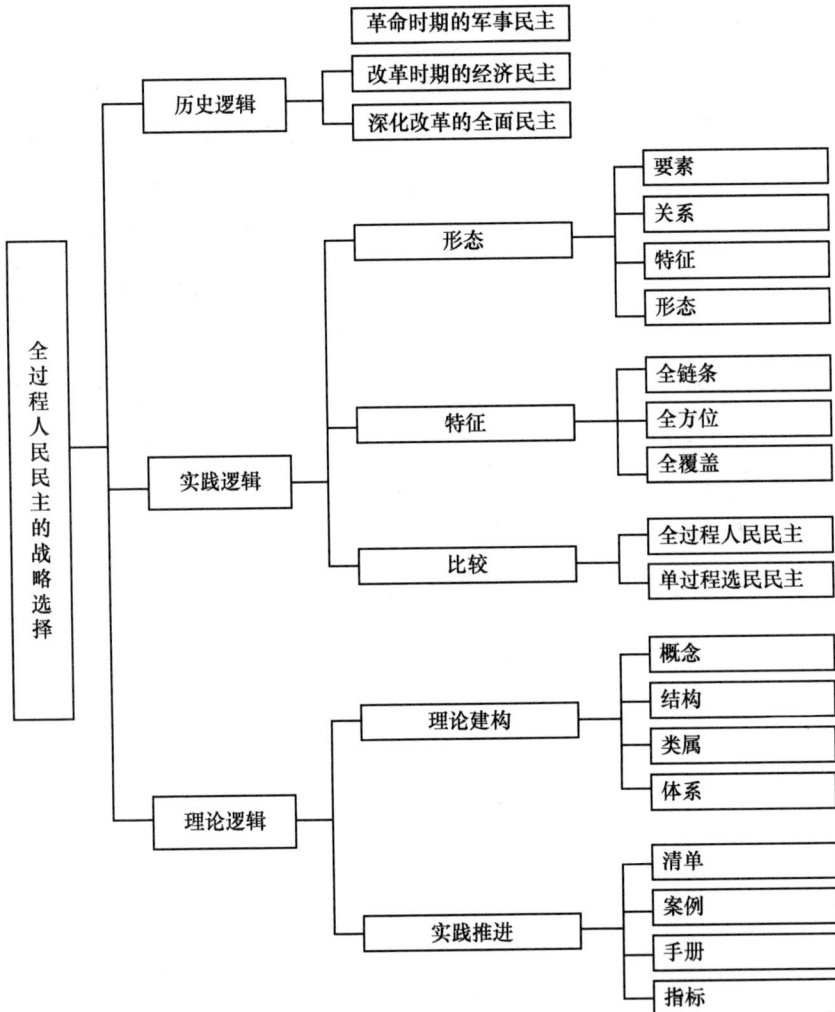

◎ 观 点 摘 要

1. 任何一种民主理论的成功，都取决于时间和空间两个要素。

2. 积极发展全过程人民民主，需要从历史逻辑和实践逻辑中总结出理论逻辑，再把这一理论逻辑根据时间和空间运用于未来的发展战略。

3. 资本主义企业的"一股一票"和民主的"一人一票"是有冲突的。

4. 人民民主就是党领导人民发展和建设社会主义。

5. 全过程人民民主是中国特色社会主义民主的形式，西方民主是一种单过程选民民主，两者在主体、程序、关系、方式、权力等各个方面都存在着差异。

6. 全过程人民民主的实践要遵循实践的逻辑，包括制定明确的事务清单、典型的案例指导、具体的操作手册和科学的评价指标进行全方位推进。

7. 全过程人民民主的理论建构要遵循理论逻辑，应该从严谨的概念、完整的结构、明晰的类属和科学的体系来积极推进。

全过程人民民主的重大理念一经提出，便在政治学界、法学界引起了巨大反响。目前，国内掀起了一股研究全过程人民民主的热潮，从不同角度出了一批重要的研究成果。通过梳理学界已有的研究成果，我们发现，从战略布局的角度围绕全过程人民民主进行的研究还没有出现。因此，本文从战略布局角度来研究全过程人民民主，以填补这方面研究的欠缺。本文将回答为什么是民主、为什么是人民民主以及为什么是全过程人民民主这三个基本问题，来全面论述全过程人民民主的战略布局及其意义。

任何一种民主理论的成功，都取决于时间和空间两个要素。时间就是历史逻辑，而空间强调的是实践逻辑。全过程人民民主的理论也是如此，这也就意味着全过程人民民主的理论逻辑必须要与时间和空间相契合。因此，在时间要素维度上，我们要研究全过程人民民主的战略选择，就必须了解中国民主政治建设的历史逻辑、实践逻辑和理论逻辑。正是从这三个逻辑相结合的角度，我们能够清晰地看到全面发展全过程人民民主是中国特色社会主义事业的战略选择。能够更加明确全过程人民民主的时间合理性和空间合理性，即全过程人民民主在历史中处于怎样的时间线索上，在实践当中又处于何种空间格局。

理解全过程人民民主的战略布局，首要逻辑就是历史的逻辑。在当代中国，正确地谈论民主首先要回到历史当中，第一要务就是要把历史讲清楚。历史讲不清楚，全过程人民民主的历史逻辑就难以厘清。历史的重要性并不仅仅是历史本身，而是历史背后的逻辑，也就是历史逻辑。研究和学习政治思想史、政治制度史、政治史的意义也就是要回到历史长河当中，分析思想家是如何根据当时的政治情况、政治史、制度史以及政治文化的情况提出了他的思想。历史中不仅隐藏着丰富的经验，更能够从历史中发现历史的逻辑，明确当下的探索与创新，挖掘它的"变"与"常"。

其次是实践逻辑。如何去把握实践逻辑？本文将全过程人民民主的实践逻辑分解为一些具体内容，包括全过程人民民主的要素、结构、形态、特征等，也包括各种规章、制度、程序等案例，这些都属于实践逻辑。实践逻辑具有非常清晰的现实性，它从历史当中来，能让我们清楚看到时间发展的线索、现实的轨迹，特别是从动态发展视角反映由历史逻辑和实践逻辑推导出的理论逻辑。

最后是理论逻辑。由古至今的整个历史进程最终会落实到理论逻辑当中。理论逻辑的价值就在于让我们从历史逻辑和实践逻辑中更好地把握时间和空间，从而更好地把握未来，也就是人们常说的"古今中外"。积极发展全过程人民民主，需要从历史逻辑和实践逻辑中总结出理论逻辑，再把这一理论逻辑根据时间和空间用于未来发展战略。因此，理论逻辑的力量来自历史逻辑和实践逻辑，而其价值在于能够面向未来，推进与发展全过程人民民主。

一　全过程人民民主的历史逻辑

（一）人类民主的历史逻辑

从历史的角度来看，民主并不是新鲜事。早在奴隶社会，人类社会就已经有了民主。有学者通过考察，发现中国的西周和春秋时期虽以贵族专制为主，但根据先秦史籍记载，这一时期仍存在原始民主制遗存。[①] 从有文字记载的历史来看，古代希腊的民主和中国的民本思想都是某种形态的民主要素，[②] 在中国古代存在着民主的要素，即使是在君主专制的封建社会，也存在着民主和自由的要素。

我们对古代希腊的民主早已耳熟能详。毛泽东主席说过"言必称希腊"[③]的现象，这在民主研究的领域十分常见，犹如当下的谈民主"言必称美国"现象。但众所周知，古代希腊的民主并非现代民主。从西方民主发展史角度来看，古代希腊的民主是经过改头换面之后才发展出现代民主的。例如，古代希腊经常使用的直接民主，在现代民主中十分罕见。值得注意的是，古代

---

① 徐鸿修：《周代贵族专制政体中的原始民主遗存》，《中国社会科学》1981 年第 2 期。

② 中国古代的民本是否是民主，目前学界还存在争议，本文抛开这些争论，认为中国古代也存在着民主的要素，民本就是重要的体现。

③ 《毛泽东选集》第 3 卷，人民出版社 1991 年版，第 797 页。

希腊没有权利观念，直到古代罗马时期，才产生了"ius"观念，它包含着法与权利的内容。由于权利观念与民主息息相关，没有权利观念与制度，就不存在民主。因此，严格来说，古代希腊的民主并非现代民主，这就造成了民主的"古今之争"。另一方面，人类社会无论是中国还是西方，甚至是非洲等其他国家，整个人类社会都曾存在着某种形式的民主要素。

在封建社会，中世纪的西方社会也存在着某种形式的民主要素。我们通常将中世纪视为"黑暗的世纪"，但它仍然存在着一些民主要素。例如，丛日云教授的《在上帝与恺撒之间》这一著作中就明确提出了中世纪政治思想或政治制度当中，教权和王权之争，反而给个人的权利留出了空间。[1]

因此，无论是古代希腊、古代中国抑或中世纪的西方都存在着民主的要素，而不存在着某种抽象意义的民主或某种现代标准的民主。这就充分证明了民主发展史的丰富性、多样性，因此，我们要用发展的眼光来看待民主，看待人类民主的前世今生，而非用一把尺子来衡量历史，将民主的标准定得过于抽象和绝对，从而产生了"民主是西方的，中国不是民主"或"只有现代有民主、古代和中世纪就只有专制"等错误观念，这种非此即彼和非黑即白的思维方式不利于研究民主。

近代西方的资本主义社会当中，资产阶级构成了民主的主体，因此，它是资产阶级民主，从社会形态角度来看，它是资本主义民主。相较于古代希腊和"黑暗的"中世纪，这种民主确实有一个极大的进步。例如，古代希腊民主是直接民主，到了近代之后，代议制这种方式的发明彻底解决了民主只能适用于小规模社会的局限性。著名民主思想家罗伯特·达尔曾经在其专著《规模与民主》[2] 中重点论述了这一问题。因此，资产阶级民主对人类社会，尤其是人类民主的发展起到了非常重要的作用。资产阶级民主同中世纪制度比较起来，在历史上是一大进步，尽管它具有历史局限性。[3]

无论将其称为资本主义民主或资产阶级民主也好，它都被打上了资本主

---

① 丛日云：《在上帝与恺撒之间》，生活·读书·新知三联书店 2003 年版。

② ［美］罗伯特·达尔、爱德华·塔夫特：《规模与民主》，唐皇凤、刘晔译，上海人民出版社 2022 年版。

③ 《列宁选集》第 3 卷，人民出版社 2012 年版，第 35 页。

义和资产阶级的烙印。何为资本主义？简单来说，就是以资本为中心的，是按照资本来运作的一种社会形态。以企业的资本运作为例，企业运作通常体现为"一股一票"，掌握多数股的往往也就掌握了绝对的话语权和决定权，占企业 90% 股票的一个人和另外占企业 10% 股票的一万人，这一万人的前途和命运就掌握在那个占了 90% 股票的一个人手中。

资本主义企业的"一股一票"和民主的"一人一票"是有冲突的。"一股一票"实际上否定了人在资本运作里面应该发挥的作用。民主是什么？民主是"一人一票"，这是民主的底线定义。人类社会有各种各样的民主，如果否认"一人一票"，肯定不是民主。民主是"一人一票"，资本主义的民主是"一股一票"，两者在本质上存在着天然的冲突，这也造成了资本主义民主的局限性。资本家越来越肆无忌惮地通过资本控制民主，人们看到的是越演越烈的金钱政治、资本游戏、政党分赃的政治实践。① 资本主义社会里面，资产阶级把民主限制在一定的范围之内，这是它和社会主义民主的一个本质区别。在资本的作用下，资本主义国家的国家权力只是资本的工具，它的民主也只是资本的附庸。②

从社会形态角度来看，人民民主是社会主义民主，以中国的人民民主最为典型。在资本主义制度下，国家政权为了追求自己特殊的利益，从社会的公仆变成了社会的主人。③ 而巴黎公社采取了普选等民主的方法避免了这种事情的发生。列宁认为，民主扩展到一定的界限，彻底的民主就变成社会主义，同时也要求实行社会主义。④ 从这个角度来看，社会主义与民主紧紧地联系在一起。我们甚至可以这样计，从主体的角度来看，社会主义民主就是人民民主，表现为人民当家作主。

（二）人民民主的历史逻辑

什么是人民民主？这是一个非常重要的理论问题，它是历史发展到社会

① 佟德志：《从所谓"完美的民主国家"到"有瑕疵的民主国家"》，《红旗文稿》2017 年第 9 期。
② 佟德志：《"民主之春"与资本对民主的控制》，《红旗文稿》2016 年第 12 期。
③ 《马克思恩格斯选集》第 2 卷，人民出版社 1972 年版，第 334 页。
④ 《列宁全集》第 31 卷，人民出版社 1985 年版，第 74 页。

主义阶段出现的一种民主形式，具备了一定的历史逻辑，同时，它还是社会主义发展实践的一种体现，表现为实践逻辑的必然性。为了从理论上考察人民民主，我们把《毛泽东文集》《邓小平文选》《江泽民文选》《胡锦涛文选》《习近平谈治国理政》这些党和国家领导人的文选和文集进行了电子化处理，在此基础上用大数据的手段进行了文本的词频分析，梳理出了与"民主"共同出现的高频词，包括党、领导、人民、发展、建设、政治制度和社会主义。

与"民主"共现词中第一个最重要的核心词是"人民"，同时也是核心主体。从毛泽东同志说的"为人民服务"到后来的"三个代表"当中的"代表最广大人民的根本利益"，再到习近平总书记所说的"江山就是人民，人民就是江山"①。人民是民主最基本、最核心和最基础的中心，这是民主的底线定义。民主在实际的制度运作过程中，表现为"多数决定"和"一人一票"，这是民主的技术性操作。除此之外，还有一个基本原则，那就是主权必须是来自人民，一个国家必须承认国家权力是来自人民，在此情况下，民主才能够成立。

党和人民构成了中国民主当中两个最根本的主体。与"人民"同样重要的另一个核心共现词是"党"，专指中国共产党。党经常和民主共同出现。这就意味着中国的民主，实际上是中国共产党领导之下的民主，是以人民为中心的民主。整体来看，民主在中国有两个最根本的主体，也就是人民民主的两个根本主体。第一个最核心和最基础的主体就是人民，没有人民就谈不上民主，中国民主的本质核心就是人民当家作主，而党能够把人民组织起来，这是民主最重要的两个主体。这两个主体之间是什么关系？经常和民主共现的另一个关键词就是领导，党领导人民在中国政治中是一个固定表达，也就是中国共产党领导人民为了发展和建设社会主义的政治制度。

通过词频分析，我们将这几个经常和民主共现的核心词刚好能够连成一句话：人民民主就是党领导人民发展和建设社会主义。这些关键词、核心词、重点词和高频词全都来自毛泽东、邓小平、江泽民、胡锦涛和习近平这些党

---

① 习近平：《在庆祝中国共产党成立 100 周年大会上的讲话》，《人民日报》2021 年 7 月 2 日。

和国家的重要领导人的文集，是从他们最重要的文集和文选当中发现经常和民主共同出现的一些核心词和高频词。这恰好解释了人民民主，并呈现出了人民民主的一个内在逻辑，也为我们理解和研究人民民主提供了非常重要的基本元素。

中国共产党成立之初，在革命时期，存在着军事民主的形式。军事民主这个词目前还很少出现。在中国共产党的革命时期，民主方式主要表现为军事民主，《毛泽东文集》当中就明确提出过军事民主，此外，《邓小平文选》里面也提到了军事民主。[1] 军事民主回答的问题是革命时期要处理的最重要的关系是什么。

第一个关系就是党和军队的关系。党和军队非常重要，表现为党对军队的绝对领导。但是在最初，党对军队没有产生这种绝对领导。党对军队的绝对领导是在革命时期逐渐形成的。党要绝对领导军队，而军队要绝对接受党的领导，军事民主首先就是要处理好这个关系，这是非常重要的。无论是三湾改编还是古田会议，核心问题都是在处理党和军队的关系。

第二个关系是军队内部的官兵关系。官兵关系是军队内部的关系。官和兵之间是平等关系，是民主的关系，现代军事理论里面可能都有强调。我们党在革命时期就提出了官和兵之间要官兵一致，要有士兵委员会，要用民主方式来解决打仗问题，直到现在，这都是非常具有新意的民主形式。

第三个关系是军和民的关系。著名的"三大纪律八项注意"就是要处理军和民的关系。在党和军的关系、官和兵的关系以及军和民的关系上，以毛泽东同志为主要代表的中国共产党人创造性发明了军事民主形式。例如，"枪杆子里面出政权"和"把支部建在连上"等经典判断，包括古田会议和三湾改编都是在处理这三大关系过程中，我们党得出的非常重要的基本原则，那就是革命时期的军事民主，这是我们党领导军队能够一直打胜仗的重要原因。

在改革开放初期，中国出现了经济民主。经济民主这个概念也存在于西

---

① 《毛泽东文集》第5卷，人民出版社1996年版，第46页；《邓小平文选》第1卷，人民出版社1994年版，第347页。

方的民主理论之中，旨在处理政治和经济关系。经济民主与经济自由分别成为两个派别，持经济民主观点的人认为要在经济领域实行民主，而持经济自由观点的人认为经济领域要保障自由，不能实行民主。西方学者将这两套理论或者主张进行了对比分析，发现经济民主和经济自由存在冲突。在经济领域强调自由是自由主义的经济主张，而在经济里面要实行民主主要是社会民主主义的基本主张。相对而言，偏左翼的西方学者更强调经济民主，而偏右翼的西方学者更强调经济自由。例如哈耶克，他列出了民主"四大罪状"，其中之一就是"不民主"和腐败，认为在经济领域里面不能用民主，甚至民主在政治领域也必须要受到宪政的限制。而罗伯特·达尔则主张经济民主，甚至主张企业和工厂要实行车间民主和"社会型企业"，正因如此，达尔常常被归为社会民主主义阵营。达尔的思想受到了杜威的影响，从杜威到达尔再到夏皮罗，在经济民主思想上具有延续性，然而，经济民主思想在西方仍然存在着争论。

在改革开放之初，一个非常重要的关系就是政治和经济的关系。那么，如何去正确处理二者之间的关系？邓小平同志经常说"经济就是最大的政治"，解决了政治与经济之间的复杂关系，就是要用政治来发展经济，从而在中国出现了发展性的政治，这是西方政治理论难以进行有效解释的。用政治来发展经济，就像邓小平同志提出的"实现四个现代化就是最大的政治"，这就真正地处理好了政治和经济的关系。经济民主理论不仅在改革开放初期起到了非常重要的作用，也最终使我们创造了两大奇迹，即经济持续快速发展和社会长期稳定，这两大奇迹在很大程度上与正确处理政治和经济关系是密不可分的。

反观印度。印度常常自诩为世界上最大的民主国家，然而，达尔曾经评价过印度的民主，他认为印度也可以列入民主国家行列，但是印度出现了系统性的对权利的侵犯，达尔最终认为不能将印度视为民主国家。印度的民主和经济发展与中国相比，不可同日而语。印度在一些资源的占有上可能比中国更丰富，但是印度和中国的经济发展出现了很大的差距，最重要的原因就在于中国正确处理了政治和经济的关系，用政治来发展经济。

（三）全过程人民民主的历史逻辑

中国特色社会主义进入改革深化时期，中国的民主出现了新的趋势，也就是全面民主。邓小平同志曾提出"一个中心、两个基本点"，以经济建设为中心，另外还有两个基本点，也就是"由点到面"。江泽民同志曾提出"三者有机统一"，也就是党的领导、人民当家作主和依法治国有机统一，这是中国民主最基础和核心的结构。这"三者有机统一"实际上代表了从改革开放初期到改革深化过程当中，中国民主发展的一个基本结论。"党的领导是人民当家作主和依法治国的根本保证，人民当家作主是社会主义民主政治的本质要求，依法治国是党领导人民治理国家的基本方略。"① 事实上，从发展和历史逻辑来看，实现"三者有机统一"并不容易。在邓小平同志之后，江泽民同志、胡锦涛同志和习近平同志都明确提到这"三者有机统一"。

中国民主是一种有机统一不断发展的过程。中国的民主从来不是"单兵突进"的民主，也从来不会追求绝对抽象的民主。后来提出的"四个全面"和"五位一体"，更是为全过程人民民主发展提供了非常全面且综合的背景，离开这些背景，中国的民主就无法走向全面民主，全过程人民民主的提出也就失去了历史的根，这就是我们人民民主的历史逻辑。

总体回顾这一时期中国民主的发展。从革命时期的军事民主到改革开放时期的经济民主，再到江泽民提出党的领导、人民当家作主和依法治国的有机统一。胡锦涛同志在总结改革开放30年经验的时候，则连续提到"十个结合"，本文将其归纳为民主的复合结构，而这个复合的结构直接影响了中国的人民民主的复合发展。

习近平总书记在2019年视察上海时提出了全过程人民民主。习近平总书记指出："我们走的是一条中国特色社会主义政治发展道路，人民民主是一种全过程的民主。"② 从历史逻辑上看，确实存在着民主理论不断创新，民主认识不断上升的发展过程，这也体现了人民民主发展为全过程人民民主的内在

---

① 《江泽民文选》第3卷，人民出版社2006年版，第553页。
② 习近平：《中国的民主是一种全过程的民主》，中国共产党新闻网：http://cpc.people.com.cn/n1/2019/1103/c64094 - 31434694.html，2022 - 8 - 13。

必然性，也必然地表现为全方位、全链条和全覆盖的特征。

　　"全面"一词在党和国家领导人文集和文选中出现的频率和覆盖率呈现为上升趋势。我们把八卷本的《毛泽东文集》、三卷本的《邓小平文选》、三卷本的《江泽民文选》、三卷本的《胡锦涛文选》和三卷本的《习近平谈治国理政》共二十卷本进行了整合，做了词频分析，可以发现，全面这两个字的覆盖率产生的曲线图呈现出明显的上升趋势，如图1所示。毛泽东同志和邓小平同志很少提到"全面"这个词，而江泽民同志和胡锦涛同志使用这个词的频率开始不断上升，在《习近平谈治国理政》当中，习近平总书记大量使用了"全面"一词，并形成了"四个全面"的战略布局。全面发展人民民主开始逐渐上升为中国特色社会主义的战略布局。中国特色社会主义事业进入新时代，从党的十八大到党的十九大形成了全面建成小康社会、全面深化改革、全面依法治国、全面从严治党这"四个全面"的战略布局。党的十九大又提出了全面建设社会主义现代化国家、全面深化改革、全面依法治国、全面从严治党的新"四个全面"战略布局。全面发展人民民主是"四个全面"战略布局的要求，也是中国民主越来越融入中国政治建设、经济建设、文化建设、社会建设、生态文明建设"五位一体"总体布局的表现，而"五

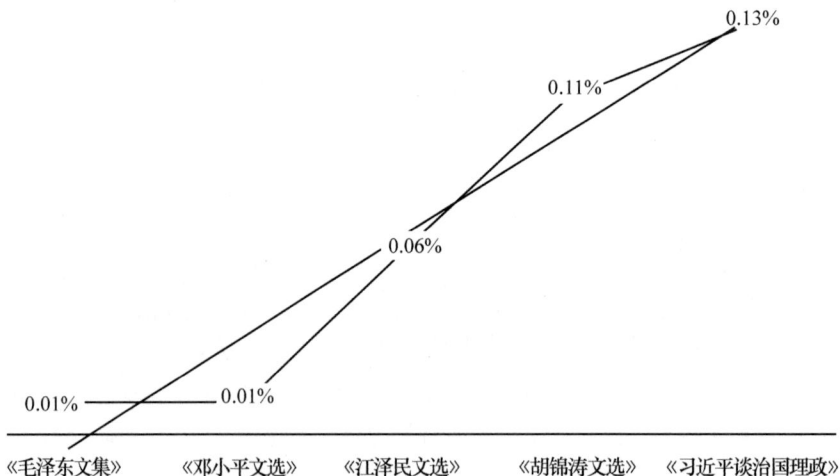

图1　"全面"一词覆盖率的变化

位一体"的总体布局为全面发展人民民主提供了基础和环境。①

二 全过程人民民主的实践逻辑

除了历史逻辑外，我们还需要重视空间的逻辑，也就是全过程人民民主在特定时间内各种要素之间互相联系形成的结构，包括全过程人民民主作为一种战略布局与新时代中国特色社会主义事业的总体布局之间互相联系形成有机统一的结构性关系。换言之，全过程人民民主在中国特色社会主义事业中处于何种地位。

如何探索全过程人民民主实践逻辑？首先，要明确全过程人民民主的主体、客体和方法。全过程人民民主的主体是什么？主体的对象是什么？主体和客体之间通过何种方式进行连接？其次，我们要明确全过程人民民主的结构，也就是要素和要素之间的关系，要素加上关系就构成了结构，从而使这些要素有机联系在一起。对这一问题的探索，有利于挖掘全过程人民民主实践逻辑的特征。再次，我们认为全过程人民民主创造了人类政治文明的一个新形态，不仅要想理解全过程人民民主的实践逻辑，在厘清要素的基础上，理解要素之间的关系来探索结构，同时也要注意它的内在结构和外在环境构成的形态，从而更为全面地理解全过程人民民主的实践逻辑。最后，我们也要注意到全过程人民民主的特征实际上是由它的本质决定的，从而使它区别于其他民主模式。

（一）全过程人民民主的政治形态

习近平总书记对全过程人民民主有一个基本的分析和判断。习近平总书记明确指出，我国全过程人民民主不仅有着完整的制度程序，而且有完整的参与实践。同时，我国全过程人民民主实现了过程民主和成果民主、程序民主和实质民主、直接民主和间接民主、人民民主和国家意志相统一，是全链条、全方位、全覆盖的民主，是最广泛、最真实、最管用的社会主

---

① 佟德志：《全面发展人民民主的复合结构与战略选择》，《政治学研究》2022年第1期。

义民主。① 本文将这段话总结为"三全、三最、四统一"。而作为全面发展人民民主的重要组成部分，全过程人民民主制度优势的体现和治理效能的发挥，都与"全"的特征联系在一起，正是在这种"全"的要求下，全过程人民民主形成了一种复合结构，要素的完整、结构的优化显得尤其重要。②

全过程人民民主有完整的制度程序和完整的参与实践，形成了制度和行为的统一。这是民主政治中一条非常重要的规律，体现了全过程人民民主的经典智慧。塞缪尔·亨廷顿曾在《变化社会中的政治秩序》一书中讨论过制度和参与的关系，他发现有些国家在变化过程中，当公民的积极性被调动起来时，就要参与，但是制度没有为参与提供相应渠道，产生了参与爆炸，而如果控制不好，就会导致国家失序甚至分裂。很多发展中国家的民主失败，原因就在于此，这是政治发展领域的一条核心理论。中国是如何解决这一问题的？邓小平同志曾经有一个非常经典的判断，即要实现民主的制度化、法律化，这在本质上就是要实现完整的制度程序和完整的参与实践。中国在发展过程中，一直在调适制度程序和参与实践之间的关系，使其互相适应。直至今日，我们仍然强调完整的制度程序和完整的参与实践，有序的公民参与本质上就是民主制度化和法律化。

（二）全过程人民民主的基本特征

学术界对全过程人民民主特征有着较好的共识。这些特征主要包括：人民民主的全链条，包括民主选举、民主协商、民主决策、民主管理和民主监督"五大链条"或"五大民主"；人民民主的全方位，不仅包括了人民主体，也包括了民主在党委、人大、政府和政协等主要机构中的体现；人民民主的全覆盖，客体的全覆盖，既涵盖了国家和社会事务，也涵盖了政治、经济、文化、社会和生态五大领域。

第一，全过程人民民主是全方位的人民民主。全过程人民民主最核心、最基础的主体是人民。同时，全过程人民民主还要涵盖党委、人大、政府和

---

① 习近平：《论坚持人民当家作主》，中央文献出版社 2021 年版，第 336 页。
② 佟德志：《发挥全过程人民民主的合力效应》，《探索与争鸣》2022 年第 4 期。

政协"四大方位"。首先，在"四大方位"中，党的全面领导是全方位人民民主中非常重要的要素，不仅包括党中央集中统一领导，也包括党内民主，同时还有民主集中制的原则，这实际上都是全方位民主在党的全面领导之下的具体实现。其次，是人大。这主要涉及民主立法，包括基层立法联系点。全过程人民民主最早就是习近平总书记在上海视察基层立法联系点的时候提出来的。目前，基层立法联系点是全过程人民民主最为典型的案例。截至2021年4月，国家立法机关共有230件法律草案向全社会征求意见，2020年民法典草案公开征求意见期间收集到了40多万人提出的上百万条意见。这是决策科学化、民主化和法治化的体现，也是全过程人民民主的体现。最后是政协。近些年，协商民主发展非常迅猛，广泛多层制度化参与，也是全方位的人民民主。

第二，全覆盖的民主。全覆盖的民主就是在政治、经济、文化、社会和生态各个方面都存在民主形式。如前文所述，在革命时期、改革开放初期、全面深化改革时期，民主不断走向全面。将民主视为全面发展的一个战略，其中重要原因就在于各个领域确实都存在民主。其中，政治领域的民主体现在立法、行政和司法领域。在西方人看来，民主和法治之间存在冲突，司法领域里不能实行民主。但是，中国在革命时期出现了"马锡五审判"，就是用民主方式来审案子，这是中国司法领域的民主。在经济、文化、社会和生态领域也是如此，西方更多讲经济自由，中国更强调经济民主。面对文化领域的多样性，西方人更多强调用民主的方式来处理文化问题，而中国用民主方式处理文化问题也是由来已久。在社会领域，中国最为典型的民主形式就是基层自治。在生态领域，中国同样也采用了民主方式处理问题，通过试错来解决实际问题。这些都是全过程人民民主的全覆盖特征。

第三，全链条的民主。全链条的人民民主主要指的是民主选举、民主协商、民主决策、民主管理和民主监督的全链条。需要指出，民主选举也是民主一个极其重要的链条，不能简单认为中国的全过程人民民主可以不用选举，这是一个错误认识。民主选举非常重要，但是不能把选举等同于民主，或者把民主等同于选举。在民主选举之外，中国特色社会主义民主还继承了马克思主义的传统，强调民主监督和民主管理。马克思主义民主最鲜明的特征就是民主监督，马克思也注重选举，但马克思认为选举是不够的，在选举之外应该有监督，这是他根据巴黎公社的情况做出的判断。毛泽东同志在著名的"窑洞对话"中就明确提出，"我们已经找到新路，我们能跳出这周期率。这条新路，就是民主"①，也就是我们党要接受人民的监督，这样才能跳出历史周期率。党的十八大报告明确强调"健全权力运行制约和监督体系，坚持用制度管权管事管人，保障人民知情权、参与权、表达权、监督权，是权力正确运行的重要保证"②。在中央人大工作会议上，习近平总书记也明确指出："要保证人民依法行使选举权利，民主选举产生人大代表，保证人民的知情权、参与权、表达权、监督权落实到人大工作各方面各环节全过程，确保党和国家在决策、执行、监督落实各个环节都能听到来自人民的声音。"③ 在全过程人民民主的基础上，中国的民主监督形成了全过程监督的基本样态，中国的全过程监督是建立在人民民主基础上的全方位、全覆盖、全链条的民主监督。④

此外，民主管理就是自治，包括自我管理和治理，这也是民主选举之外的另一链条。即最广泛地动员和组织人民依照宪法和法律规定，通过各级人民代表大会行使国家权力，通过各种途径和形式管理国家和社会事务、管理经济和文化事业，共同建设，共同享有，共同发展，成为国家、社会和自己命运的主人。⑤

民主决策是在党的十五大之后加入的。党的十五大以后，中国民主表现为"四大民主"，即民主选举、民主监督、民主管理和民主决策。⑥ 之所以添加了民主决策，是因为民主最古老的理念，就是遵守法律的人要参与立法，做出决策并且接受决策，受到决策影响的人要参与决策，例如"无代表不纳税"。

---

① 《毛泽东年谱（1893—1949）》（修订本）（中册），中央文献出版社 2013 年版，第 611 页。
② 《坚定不移沿着中国特色社会主义道路前进　为全面建成小康社会而奋斗》，人民出版社 2012 年版，第 28—29 页。
③ 习近平：《论坚持人民当家作主》，中央文献出版社 2021 年版，第 337 页。
④ 佟德志、张朝霞：《全过程监督：主体、客体与程序》，《广州大学学报》（社会科学版）2022 年第 3 期。
⑤ 《习近平谈治国理政》第 1 卷，外文出版社 2018 年版，第 139 页。
⑥ 《十五大以来重要文献选编》（上），人民出版社 2000 年版，第 532 页。

最终将全链条民主丰富起来的是民主协商。习近平总书记指出，"我国的全过程人民民主不仅有完整的制度程序，而且有完整的参与实践"①。协商民主的发展和完善为人民有序参与政治事务提供了广泛多层制度化的渠道。实际上，协商民主作为党的十八大之后不断发展的新概念，实际上是一个旧的词被赋予了新的意义。在党的十八大之前，毛泽东主席就提过民主和协商，例如中国人民政府协商会议。但是将民主和协商这两个词连在一起，形成协商民主这四个字是在党的十八大之后，协商民主这一词语才大量出现，这意味着在中国社会主义制度下，有事好商量，众人的事情由众人商量，找到全社会意愿和要求的最大公约数，是人民民主的真谛。②

（三）全过程人民民主的全面结构

全过程人民民主是中国特色社会主义民主的形式，西方民主是一种单过程选民民主，两者在主体、程序、关系、方式、权力等各个方面都存在着差异。总体而言，全过程人民民主重新确立了人民在民主中的主体地位，以合作原则取代制衡原则，以一致标准取代竞争标准，形成了全覆盖的客体定位、全方位的机构定位和全链条的程序定位，兼顾了民主的程序与实质，塑造了人类政治文明的新形态。③

表1　　　　　　　　　　　中西方民主标准的比较

维度	中国标准	西方标准
主体	人民标准	选民标准
程序	实质民主	程序民主
关系	合作标准	制衡标准
方式	一致标准	竞争标准
权力	民主集中	分权标准

---

① 习近平：《论坚持人民当家作主》，中央文献出版社2021年版，第335页。
② 《习近平谈治国理政》第2卷，外文出版社2017年版，第292页。
③ 佟德志：《全过程人民民主与人类政治文明新形态》，《当代世界与社会主义》2022年第2期。

第一，在民主主体维度，西方强调的是选民标准，而中国强调的是人民标准。在主体维度上，西方的民主标准强调的是选民，而非人民，这是西方社会普遍承认的，西方的总统和政党的目标就是要赢得选民投票。而中国的党和国家领导人文选和文集当中，提到选民的次数不多，更多的是在强调人民，把人民作为全过程人民民主的主体。中国的全过程人民民主是以人民为中心的。习近平总书记指出要以人民为中心，为人民谋幸福，为民族谋复兴，这是我们党的初心和使命。"中国共产党的领导，就是支持和保证人民实现当家作主。"① 并且从历史上来看，"我们党自成立之日起就致力于建设人民当家作主的新社会"②。因此，在主体维度，中国全过程人民民主强调的是人民标准，而西方强调的是选民标准。

第二，在程序维度上，西方民主标准是一种程序民主，而中国全过程人民民主是实质民主。程序民主是西方民主政治的客观遵循，程序民主这个概念有着历史传统。最早提出程序民主的是熊彼特，他明确指出："民主是一种政治方法，即为达到政治——立法与行政的——决定而作出的某种形式的制度安排。"③ 罗伯特·达尔是程序民主的集大成者，学界一般认为达尔主张多头政体或者多元民主，其实达尔对理想民主的认识本质上是程序民主。④ 程序民主有一个鲜明特征，它对结果不敏感，只要程序是对的，并不考虑结果，因此，民主被等同于选举，是以过程为导向的。而中国更强调把程序民主和实质民主进行结合，仅有民主的程序还不够，同时也应该严格按照程序，产生民主的实质结果，这种结果也应该符合民主的目标和民主的基本原则，把程序和实质、过程和结果结合在一起是中国全过程人民民主在程序维度的特点。

第三，在关系维度上，西方强调的是制衡，而中国强调的是合作。权力的分立具有普遍性，几乎所有的国家都是如此。不仅西方主张三权分立

---

① 《习近平谈治国理政》第 2 卷，外文出版社 2017 年版，第 18 页。

② 习近平：《论坚持人民当家作主》，中央文献出版社 2021 年版，第 175 页。

③ ［美］约瑟夫·熊彼特：《资本主义、社会主义与民主》，吴良健译，商务印书馆 1999 年版，第 359 页。

④ Robert Dah, "Procedural Democracy", in Robert Goodin and Philip Pettit (eds.), *Contemporary Political Philosophy: An Anthology*, Oxford: Blackwell Publishers, 1997, pp. 109 – 111.

（Separation of Powers），把权力分开，在中国也有党委、政府、人大和政协等权力的划分。在这些不同的权力之间，中国强调合作标准，西方强调制衡标准。

第四，在方式维度上，西方强调的是竞争标准，而中国强调的是一致标准。在西方，权力的分立与制衡理念从孟德斯鸠一直延续到当代的美国，在本质上是竞争标准，民主就是竞争选民和选票。中国强调合作，本质上是一致标准，追求最大公约数，甚至是全体一致同意，这也是中国能形成全过程人民民主的重要原因，因为要追求民主结果的一致。

第五，在权力运行上，西方强调分权标准，而中国强调民主集中制。民主常常存在收集公民偏好的过程，这一过程在西方和中国都有，例如用投票来表达偏好，中西方在这一过程中最重要的区别是如何处理偏好。西方更多强调分权，而中国强调民主集中，通常表现为民主基础上的集中，集中指导下的民主。

以上海虹桥的基层立法联系点为例。根据近五年的统计，这一基层立法联系点完成了对 55 部法律的意见征集工作，归纳出了各类意见和建议 1001 条，其中有 72 条被采纳。参与其中的主体是十分广泛的，有专家、学者，还有普通的居民。立法联系点实际上在立法机关和人民之间架起了一座彩虹桥，通过全过程人民民主把人民和立法机关紧密联系在一起，让人民民主直接参与了立法过程。

需要指出，明确中西方民主模式的差异，重要目的在于找到中国全过程人民民主的"参照系"。一方面，通过中西民主模式的比较分析，我们应当明确中国全过程人民民主的优势，更加坚定制度自信。相较于西方民主，全过程人民民主在民主参与的广泛性、民主权利的真实性、民主实践的有效性等方面具有显著的制度优势。全过程人民民主之所以管用，就在于其能够依法保障人民当家作主的民主权利，能够切实维护人民群众的根本利益，能够显著提升国家治理现代化的水平。[1] 另一方面，要清楚认识中西民主模式的差异，保持清醒的态度和正确的理念。习近平总书记曾多次强调我们要不忘

---

[1] 佟德志、漆程成：《全过程人民民主的比较优势》，《青海社会科学》2022 年第 1 期。

本来、吸收外来、面向未来，既不走封闭僵化的老路，也不走改旗易帜的邪路。我们研究民主，既不能闭门造车，完全不了解西方民主的优势和缺陷，更不能盲目照搬照抄，而是要建立一个客观的"参照系"。

三　全过程人民民主的理论逻辑

积极发展全过程人民民主，包括理论和实践两个方面。需要指出，全过程人民民主的实践和理论都已经很丰富，也还需要进一步的发展和完善，例如如何从学术上界定全过程人民民主，仍然在不断探索中，学术研究的完备性考虑与理论阐释偏重实践的重点仍然需要进一步磨合。① 全过程人民民主的实践要遵循实践的逻辑，包括制定明确的事务清单、典型的案例指导、具体的操作手册和科学的评价指标进行全方位推进。全过程人民民主的理论建构要遵循理论逻辑，应该从严谨的概念、完整的结构、明晰的类属和科学的体系来积极推进。

（一）理论建构

理论建构包括概念、结构、类属和体系等重要方面，它在积极发展全过程人民民主的过程中具有重要意义。严谨的概念有利于把握全过程人民民主的本质与形式，确定其内涵和外延。截至目前，我们已经比较清晰地看到了全过程人民民主的要素、结构、特征和形态，但是，对全过程人民民主还未有一个严谨的概念，尽管这对于开放地探讨全过程人民民主有所助益，但是并不利于后续的理论建构，因此，应当进一步明确全过程人民民主的严谨概念。

基于全过程人民民主的概念，可以进一步明确分析概念之间、要素之间的关系，从而形成完整的结构。概念和要素就不再是孤立的而是相互联系在一起，为理论构建提供素材。例如，全过程人民民主中的全过程与全方位、全链条、全覆盖是什么关系？如何将这些要素与全过程人民民主的

---

① 佟德志、王旭：《全过程人民民主的要素与结构》，《探索》2022 年第 3 期。

最广泛、最真实、最管用等目标联系在一起？这些都是结构要解决的理论问题。此外，结构也会进一步影响到类属建构，而明晰的类属关系能够确定理论中各种概念、关系和结构的空间位置。例如，全过程人民民主和民主是什么关系？尤其是全过程和人民民主是什么关系？人民民主是全过程的，全过程人民民主是不是人民民主的一种？这些问题都十分值得研究，要认真去分析。习近平总书记明确指出我们的人民民主是全过程的，我们要根据概念进行分析，在理论上进行分析，厘清它的类属关系。例如，全过程、全链条、全方位、全覆盖以及过程民主、结果民主、程序民主、实质民主等概念之间是什么样的关系。在进一步发展理论之前，需要进一步厘清这些概念。

此外，还需要进一步完善理论体系。理论体系必须有一个严谨的逻辑和科学的内涵，例如，如何按照主体、客体、方法、逻辑等诸要素进行理论体系划分；不同实践逻辑、理论逻辑和历史逻辑如何形成以及能够形成何种体系；不同结构、不同的类属和不同的概念之间构成了何种理论模型等问题，在这些重要问题上还存在着进一步的发展空间。全面发展全过程人民民主，其实还是有进一步的发展空间的。

（二）实践推进

理论的逻辑只有扎根实践，用于实践，才会显示理论逻辑的生命力。实践推进也是发展全过程人民民主的重要维度。

首先，要制定并明确清单，即非常明确的事务列表。民主并不适用于所有的事务，我们也不能机械性地理解全过程人民民主的全覆盖特征，并非主张所有的事务都要以民主方式处理。哪些事务适合民主方式，哪些事务不适合民主方式，哪些事务必须用民主方式，哪些事务可以选择用民主方式，应当制定明确的清单加以明晰。在这一问题上，需要将理论研究和实践研究加以结合，以理论研究作为支撑，理论研究跟实践相结合，因此，全过程人民民主的案例研究应该是全过程人民民主研究领域的极其重要的关键点。通过挖掘、梳理和研究全过程人民民主的相关案例，就能够从案例中挖掘哪些事务应当或适合用民主的方式来处理。

其次，案例也是推进发展全过程人民民主的重要方面。案例有非常好的典型示范作用，能让人们对抽象概念产生具体的把握。全过程人民民主的案例十分丰富，包括经典案例、典型案例和有共同认识的案例，例如基层立法联系点。在这些案例上，目前还存在着学理研究的空缺。在研究案例之后，我们就能够对一些抽象概念和理论进行具体把握，甚至能进一步推广和发展全过程人民民主的理论和实践，案例在这方面具有重要价值。

再次，还需要制定手册，即具体的操作指南。实践操作指南确实需要明确部署，明确每一步的行动方案。中国协商民主的良好发展很大程度上得益于丰富的案例，不仅包括实践案例，而且还包括制度、规定、规章操作的案例，例如"六步工作法""庭院协商"和"村民议事会"等各种程序机制。值得注意的是，西方民主政治的发展也得益于明确的操作手册，例如，詹姆斯·费什金（James Fishkin）在全球范围内进行了广泛的协商民意调查实验，代表选择、议题设定、程序设计三个维度上形成了完整的机制，表现出了代表原则、多样原则和包容原则等主要的民主原则。[1] 国内学界目前也出现了相关的尝试，例如《复式协商民主实操手册：民主程序与科学环节》这一著作旨在把协商民意测验与上海的具体情况进行结合和发展。建构起基于现有中国社会群体的科学分层抽样而又环节科学的复式协商民主抽样程序，注重可操作化的实践程序建构。[2] 在制定手册方面，实践部门和理论部门需要进一步形成合力，制定具体的操作手册，明确操作步骤和事后如何进行评价。

最后，积极发展全过程人民民主，还需要科学的评价指标。科学的评价指标十分有意义和价值，有利于反思和提升。特别是全过程人民民主涉及的决策体制、干部制度、财政制度和领域基层治理，可以积极探索指标体系的建构。例如基层立法点所采用的相关的制度、规定和案例，对于建构科学的评价指标体系也有重要的意义。

---

① 佟德志、罗玉梅：《协商民意调查的复合原则与机制——基于多国（地区）多案例的实证综合分析》，《比较政治学研究》2020 年第 2 期。

② 韩福国：《超越"指定代表"和"随机抽样"：中国社会主义复式协商民主的程序设计》，《探索》2018 年第 5 期。

四　结论

综合以上，从特征上来看，全过程人民民主是全链条、全方位和全覆盖的民主。在全方位方面，不仅体现为党委、人大、政府和政协这"四套班子"的全方位覆盖，也体现为以人民为中心和人民当家做主的全方位覆盖。从内在逻辑上来看，全过程人民民主实现了主体复合、客体复合和程序复合。人民是全过程人民民主最重要的主体，具体落实到各个部门和各个机构中，还包括了党委、人大、政府和政协等主体。全过程人民民主实现了客体的全覆盖，非常广泛地运用于治国理政的各个领域，在政治、经济、文化、社会和生态领域都产生了很好的民主效能和治理效能。全过程人民民主实现了全链条的程序，也就是民主协商、民主管理、民主监督、民主决策、民主选举等全面的民主程序。全过程人民民主的具体结构如图2所示。

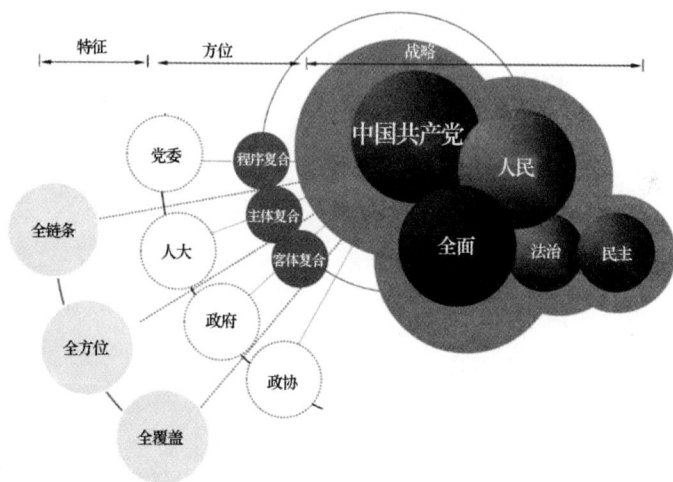

图2　全过程人民民主的特征、方位与战略

中国共产党的领导和以人民为中心是全过程人民民主的基本战略，全过程人民民主的战略特征就在于全面。第一，中国共产党的领导是全过程人民民主最基础的核心战略。第二，最基础战略就是以人民为中心，这也是社会主义民主的本质，而全过程人民民主的主要特征在于全面，它的主要战略也主要体现为全面。从党的领导、人民当家作主和依法治国三者有机统一到"四个全面"战略，其中全面从严治党主要是和党的领导有关，全面依法治国主要是完善法治，要把民主放到法治领域去实现民主的健康发展，实现民主制度化、法律化，进而实现全面依法治国，以法治保证民主的健康发展。在全面深化改革和全面建设小康社会和全面建设社会主义现代化国家之外，全面发展全过程人民民主也应当是重要的战略布局。

因此，我们应当从战略布局的高度来进一步研究习近平总书记提出的全过程人民民主。我们党的历届大会都会有专门一部分论述民主与法治建设，特别是民主法治制度建设和发展全过程人民民主。学术层面对全过程人民民主的探讨也应当进一步补足、做大、做强，将全过程人民民主放在战略高度进行研究，特别是要结合"四个全面"战略布局的总体背景，从战略布局的高度推进全面发展全过程人民民主这一重要战略的理论和实践研究。

Abstracts

The Centennial Struggle of the Communist Party of China and Upholding the Leadership of the Communist Party of China

Li Shenming

Abstract: The Communist Party of China has achieved brilliant achievements in its centennial struggle, the most important of which is its adherence to the leadership of the Communist Party of China. From a historical perspective, under the influence of the October Revolution and Marxism-Leninism, the Communist Party of China was born in response to the needs of history and the people; from a practical perspective, the party's leadership is reflected in the fact that the party should lead everything. China must always adhere to the overall leadership of the communist party. This is not only an important principle of Marxism, but also an inevitable choice of the people in the historical development of our country, and an inevitable requirement for the development of socialism with Chinese characteristics. At the same time, it is determined by the nature, purpose and program of the Communist Party of China. Adhering to the leadership of the Communist Party of China must adhere to the party's "Three Styles of Work", namely, combining theory with practice, closely connecting with the masses, criticism and self-criticism. Today, the

Communist Party of China has formed a strong and correct leadership core, and the whole party must firmly safeguard this core. This is not only a major principle of Marxism, but also a major historical experience of the international communist movement. The "Two Upholds" laid a solid ideological, theoretical, political, organizational and public opinion foundation for the successful convening of the 20th National Congress of the Communist Party of China. In the face of great changes unseen in a century, we must unswervingly adhere to the "two safeguards", resolutely safeguard General Secretary Xi Jinping's core position of the Party Central Committee and the core position of the entire Party, and resolutely safeguard the authority and centralized and unified leadership of the Party Central Committee.

Key Words: the Communist Party of China; Brilliant Achievements; the Leadership of the Communist Party of China; Three Styles of Work; Two Upholds

The New Political Democracy Appeal of Socialism with Chinese Characteristics

Yan Qiang; Hu Yue

Abstract: With the total GDP ranking second in the world and the people getting rich from standing up, it is not accidental that there is thinking and debate around "democracy is a good thing". It reflects the strong desire and appeal for political democracy contained in the people's yearning for a better life by realizing the modernization of national governance. We cannot question political democracy because the American model of political democracy is inherently flawed and has recently declined due to abuse by politicians. In the development of socialism with Chinese characteristics in the new era, what needs to be constructed and improved is a whole-process consultative people's democracy that is different from the American model of democracy, conforms to China's reality, and is compatible with Chinese-style socialist modernization.

Key Words: Yearning for a Better Life; Modernization of National Governance; Whole-process People's Democracy; Deliberative Democracy

The Significance of Promoting the Development of Democracy from the Whole Process of People's Democracy

Sang Yucheng; Lin Jintao

Abstract: Democracy is the most primitive and simple, and at the same time, the most noble political ideal and political pursuit of human beings. However, democracy in today's world is facing challenges. Therefore, we must recognize the necessity and urgency of democratic political construction, as well as the requirements of the second "centenary" goal for democratic development. In the process of theoretical exploration and practical advancement around democracy, it's necessary to understand the meaning of democracy from the perspective of basic issues in politics, eliminate wrong perceptions, adhere to a correct attitude, and at the same time grasp the relationship between democracy and socialism. In addition, it's necessary to realize that Whole-process People's Democracy has surpassed the electoral democracy of the West, and has become the only way for our country's democratic political construction. It's necessary to carefully grasp and handle the relationship between of the value propositions, interpretive propositions and operational propositions of the Whole-process People's Democracy, and take solving operational propositions as the top priority of democratic political construction.

Key Words: Democracy; Whole-process People's Democracy; Electoral Democracy; Democratic Political Construction

Develop the Whole-process People's Democracy and Promote the Construction of Democratic Politics in the New Era

Wang Bingquan

Abstract: General Secretary Xi Jinping's important exposition on the Whole-process People's Democracy is self-consistent and rich in connotation. General Secretary Xi Jinping emphasized the unity of the generality and the specificity of democracy in terms of democratic values, and the theory of democracy put forward the "four things to see, and more to see" and "eight whether or not" standards to measure whether a country's political system is democratic. In practice, it is required to implement the "three concrete and realistic manifestations", continuously improve the "five links" of democracy, and focus on solving specific practical problems. The proposal of the Whole-process People's Democracy is to respond to the needs of the era background of the profound shifts unseen in a century and the "two overall situations" of the Great Rejuvenation of the Chinese Nation. It is in response to the realization of the second centenary goal, to satisfy the people's yearning for a better political life and to build a new form of human political civilization. At present, the leadership of the Communist Party of China has been continuously strengthened, the construction of democracy has been continuously improved, the construction of the rule of law has been continuously promoted, the adjustment of government functions has been continuously optimized, and the power restraint mechanism has been continuously improved, which provides a realistic basis for the further development of people's democracy in the whole process.

Key Words: Whole-process People's Democracy; Xi Jinping; the New Era; Democratic Political Construction

The Construction of People's Subjectivity and the Development of the Whole-process People's Democracy

Cheng Zhuru

Abstract: The subjectivity of the people is the dominance of the people in the state power and public affairs, which is the most substantial part of democracy and the criterion for judging the degree of democracy. The Whole-process People's Democracy is a democratic model that can reflect the people's subjectivity to a high degree. The basic rights of citizens are the actual form of the construction of the people's subjectivity, the leadership of the party is the political guarantee of the construction of the people's subjectivity, electoral democracy is the foundation of the construction of the people's subjectivity, and extensive and orderly participation is the Chinese characteristic of the construction of the people's subjectivity. As the core category of political construction in the new era, the comprehensive development of the Whole-process People's Democracy will further stimulate the democratic value of the political system with Chinese characteristics, and deeply shape the people's subjectivity in national governance.

Key Words: People; The Subjectivity of the People; Democracy; Whole-process People's Democracy

The History and Logic of the Strategic Layout of the Whole-process People's Democracy

Tong Dezhi

Abstract: The comprehensive development of the Whole-process People's Democracy is the strategic layout of the cause of the Socialism with Chinese Characteristics for a New Era, and it is the organic unity of historical logic, practical logic and theoretical logic. In historical logic, people's democracy has gone through military democracy in the revolutionary period, economic democracy in the beginning of reform, and comprehensive democratic development in the period of deepening reform, and has become the basic strategy of the Socialism with Chinese Characteristics. In terms of practical logic, the Whole-process People's Democracy has formed a complete institutional procedure and practice of participation, and has formed the basic characteristics of all-round, full-chain and full-coverage. Compared with Western single-process voter democracy, it has shown comprehensive advantages. Actively developing the Whole-process People's Democracy requires perfecting concepts, structures, categories and systems at the theoretical level, and improving the construction of checklists, cases, manuals and indicator systems at the practical level. The theory and practice of developing the Whole-process People's Democracy need to be discussed from a strategic perspective in combination with the overall background of the "four comprehensives" strategic layout.

Key Words: Democracy; People's Democracy; Whole-process People's Democracy; Strategic Layout